Mack Hanan

So überzeugen Sie Ihren Chef

Mack Hanan

So überzeugen Sie Ihren Chef

Ideen und Projekte erfolgreich durchsetzen

Deutsch von Ralf Vogel

ECON

Titel der amerikanischen Originalausgabe: Consultative Budgeting. Originalverlag: Amacom, New York. Übersetzt von: Ralf Vogel.

Die Deutsche Bibliothek – CIP-Einheitsaufnahme

Hanan, Mack:
So überzeugen Sie Ihren Chef: Ideen und Projekte erfolgreich durchsetzen / Mack Hanan. Dt. von Ralf Vogel. – Düsseldorf: ECON, 1995.
Einheitssacht.: Consultative budgeting ‹dt.›
ISBN 3-430-13913-9

Lektorat: Bettina Querfurth. Gesetzt aus der Century und Frutiger, Linotype. Satz: Heinrich Fanslau GmbH, Düsseldorf. Papier: Papierfabrik Schleipen GmbH, Bad Dürkheim. Druck und Bindearbeiten: F. Pustet, Regensburg. Printed in Germany. ISBN 3-430-13913-9.

Auch wenn die Mittel knapper werden,
gibt es Möglichkeiten, einen Etat,
den Sie für Ihr Projekt benötigen,
durchzusetzen.

Gewidmet Lew Platt, Hewlett-Packard, für seine Strategie, die notwendigen Mittel für seine Projekte zu erhalten:

Topmanager sind kurz davor einzuschlafen, wenn man über neue Technologien philosophiert.
Aber sie werden hellwach und notieren jedes Wort, wenn man Ihnen erzählt, wie Sie höhere Gewinne erzielen können.

Inhalt

Vorwort

Die Neuigkeit erreicht Sie kurz vor der Mittagspause. Sie kommt aus der Chefetage und verdirbt einem jeglichen Appetit: Sollten Sie ein Budget vorlegen, das um zwei bis drei Prozent über dem des Vorjahres liegt, also sich im Rahmen der Inflationsrate bewegt, machen Sie sich nichts vor – auch Beten wird Ihnen da nicht viel helfen.
Krisen fördern den Zusammenhalt. Der übliche Konkurrenzkampf zwischen Managern beim Kampf um das größte Stück vom Kuchen weicht einem kollegialen Miteinander. »Wie stellen die sich vor, daß wir dann auf einem solch hohen Level weiterarbeiten?« fragt ein Manager. »Mit zwei oder drei Prozent schaffe ich es gerade, das Niveau zu halten, und unser Boß sagt: Gleichstand ist Rückschritt.«
»Warum Geld für Benchmarking ausgeben?« sagt ein anderer Manager. »Gibt es irgendwann wieder genügend Geld, um überhaupt irgend etwas zu machen – sollte dieser Fall wirklich eintreten –, wir werden technologisch so weit hinterherhinken, daß wir mit ein bißchen Glück noch die Rücklichter des Zuges sehen können, auf dem unsere Konkurrenten davonrasen.«
Was bleibt, wenn es knauseriger und abgespeckter nicht mehr geht? Wenn die Arbeit schon so sehr auf das Wesentliche beschränkt ist, daß kein Spielraum mehr da ist? Wenn die Kosten nicht mehr weiter zu senken sind, ohne daß Qualität oder Produktivität darunter leiden? Wenn alle

auszulagernden Arbeitsprozesse ausgelagert sind und alle integrierbaren Systeme integriert sind? Und wenn man trotzdem von Ihnen erwartet, daß Sie neue Projekte anleiern und vermarktbare Produkte entwickeln – selbstverständlich ohne daß zusätzliche Kosten entstehen?
»Sie fragen ganz einfach nach mehr Geld«, bemerkt ein dritter Manager, »natürlich ohne wirklich zu fragen, wenn Sie wissen, was ich damit meine.«
Und dann macht er klar, wie er sich das vorstellt.
»Angenommen«, unterbreitet er dem Vorstand, »angenommen, wir erhöhen unsere Profit-Center-Gewinne um 3,5 Millionen Dollar, nur durch Einsparungen, die wir im Laufe der nächsten zwölf Monate machen werden – 3,5 Millionen Dollar, die schon jetzt eine feste Größe für Investitionen im nächsten Jahr darstellen können... 3,5 Millionen, das entspricht dem Neunzigfachen der Bruttosumme des Tagesverkaufserlöses, und das zusätzlich ... 3,5 Millionen Dollar, die sich aus Einsparungen in Höhe von 1,5 Millionen durch eine erhöhte Auslastung der Maschinen ergeben, die fehlenden zwei Millionen ergeben sich aus der Vermeidung von Schrott und Einsparungen im Bereich der Nachbesserungen und Garantieleistungen.«
Er hat ihr Interesse geweckt. »Diese 3,5 Millionen Dollar entsprechen ungefähr einer fünfzehnprozentigen Verzinsung der Investition. Und die Investition hat sich nach sieben Monaten amortisiert.«
So erhalte ich also meinen Etat, mag der eine oder andere Manager gedacht haben – ohne allzu direkt danach zu fragen. Anstatt um Geld zu betteln, biete ich Gewinne – ich biete mehr Geld, als ich haben will.
Später dann gab der Manager sein Geheimnis preis. »Ich frage nicht nach Geld, sondern gebe der Geschäftsführung das Gefühl, daß sie Geld ablehnen müssen, wenn sie mei-

nen Vorschlag nicht annehmen. Ich appelliere an sie als Investoren, nicht als Philanthropen oder die letzten Gönner nach den fetten Jahren. Ich muß interessant für sie sein, nicht andersherum. Von Anfang an habe ich sie in dem Gespräch dazu gebracht, über die 3,5 Millionen nachzudenken, die ich für sie erwirtschaften kann, und nicht darüber, wieviel ich mir vorgenommen habe von ihnen zu bekommen.«

»So haben Sie also aus dem Gesuch für eine Bewilligung eine ... wie soll ich sagen?« fragt einer der anderen Manager.

»Ich habe eine Möglichkeit für wachsende Gewinne aufgezeigt. Ein ganz normales Geschäft.«

»Und was ist, wenn sie sagen: ›Danke, vielen Dank, aber wir haben eine bessere Lösung für dieses Problem gefunden‹?«

»Ich komme wieder, mit einem besseren Angebot.«

»Wie oft wollen Sie das wiederholen?«

»So lange, bis ihnen klar wird, daß ihnen nichts anderes übrigbleibt, als ihr Kapital zusammen mit mir zu investieren, damit ich es für uns arbeiten lassen kann. Ich lasse den Zeitfaktor des Kapitals für mich arbeiten, denn an jedem Tag, an dem meine Ideen nicht verwirklicht werden, werden schon Opportunitätskosten in Höhe des einen oder anderen Prozents vom Gewinn fällig, ohne daß man in den Genuß des Gewinns selbst kommt. Dazu kommt, daß die Probleme damit nicht gelöst werden und unser Wettbewerbsnachteil sich dadurch weiter vergrößert. Irgendwann stimmen Sie meinen Ideen immer zu.«

Einführung

Mit neuen Strategien zu einem größeren Budget

»Entweder deine Mittel werden bewilligt, oder du stirbst einen langsamen Tod.« So lautete schon immer das Mantra eines jeden Managers. Noch in den achtziger Jahren lag dem Topmanagement daran, alle Unternehmensbereiche im eigenen Haus zu behalten. Selbst schlechte Manager bekamen ihre Etats bewilligt, damit die Geschäfte weiterlaufen konnten. Heute hat das Topmanagement die Möglichkeit, Sie einfach »outzusourcen«, wenn Sie die Erwartungen Ihrer Vorgesetzten nicht erfüllen. Sie werden überflüssig, ohne Vorwarnung wird Ihr Bereich ausgelagert, ein externer Anbieter erscheint als die bessere Wahl, was in vielen Fällen heißt, daß der Etat weniger beansprucht wird und daß Zeit und Aufwand für die Etatkontrolle sich reduzieren.
Allein dadurch, daß die Möglichkeit zur Auslagerung eines Bereichs besteht, wird ein Teufelskreis in Gang gesetzt. Neue Technologien müssen Sie kontinuierlich und immer schneller einführen. Sollte es Ihnen nicht möglich sein, einen höheren Etat als gewohnt durchzusetzen, werden Sie unweigerlich zurückbleiben, nicht in der Lage, die neuesten Technologien einzusetzen. Hierdurch stellen Sie eher ein Hindernis der Wettbewerbsfähigkeit dar, als daß Sie zu ihr beitragen; mit anderen Worten: Sie stehen auf der Abschußliste.
Dem Topmanagement bleibt, ebenso wie Ihnen, keine andere Wahl. Es muß ein Weg gefunden werden, die Mittel zu beschaffen, die nötig sind, um Investitionen auf einem

möglichst innovativen Niveau zu tätigen. Das neue Mantra eines Managers muß also heißen: »Beschaffe dir Mittel, sonst bist du geschafft.«
Die Art und Weise, wie man Forderungen nach finanziellen Mitteln stellt, ist ein überlebenswichtiger Aspekt für die Sicherung der beruflichen Existenz geworden. Ausflüchte wie »Man kann eben nicht alles haben« oder »Einen gewinnst du, den anderen verlierst du« kann man sich nicht länger leisten. Ein verpaßter Zug kann einen binnen kürzester Zeit aus dem Geschäft werfen. Ihre bewilligten Mittel müssen mit dem Innovationstempo Ihrer Branche Schritt halten.
Die traditionellen Strategien von Bereichsleitern, um sich ihre Mittel zu sichern, sind nicht länger ausreichend. Erlernte Strategien sind eher ein Hindernis als ein Hilfsmittel. Jeden Tag werden dringend benötigte Mittel nicht bereitgestellt und damit Chancen für das ganze Unternehmen vergeben, weil Manager nicht in der Lage sind, zwei Dinge zu berücksichtigen:

① Ein Projekt muß den strategischen Zielen des Topmanagements angepaßt sein, so daß die Entscheidung für das Projekt ein Schritt zur Umsetzung der Strategie ist.
② Aus dem Gesuch um ausreichende Mittel muß ein Vorschlag zum Erwirtschaften neuer Mittel werden. Die Verbesserungen, die Sie in Ihrem Bereich vornehmen, müssen Sie dem Management gegenüber in konkreten Zahlen ausdrücken. Ihr Geschäftsführer interessiert sich nicht für Verbesserungen an sich, sondern für Verbesserungen, die den Gewinn erhöhen.

Übereinstimmung mit den Zielen des Topmanagements und das Aufzeigen von Gewinnmöglichkeiten sind die beiden Geheimnisse, um sich bei der Geschäftsführung möglichst gut zu verkaufen. Wenn man versucht, sich in die Lage des Topmanagements zu versetzen, wird man schnell erkennen, warum das so ist.

Das Füttern des Geldautomaten

Die Frauen und Männer in der Chefetage – die, die Ihre Arbeit kontrollieren und sie finanzieren – haben vor allen Dingen eins im Sinn: Geld machen.
Welcher Art auch immer das Unternehmen sein mag, für sie ist es eine Geldmaschine, die Geld ausspuckt, wenn etwas verkauft wird, und die noch mehr Geld ausspucken wird, wenn das einmal verdiente Geld wieder investiert wird.
Geld, das in die Maschine gelangt, soll möglichst noch mehr Geld erarbeiten. Läßt man das Geld arbeiten, verringert sich vorübergehend auch die Liquidität. Ein Teil des Gewinns, der wieder investiert wird, geht unwiederbringlich verloren. Ein anderer Teil läßt dagegen erwarten, daß sich die Kosten amortisieren und Gewinne folgen; diese Ausgaben werden zu Investitionen. Je schneller eine Investition sich amortisiert, desto schneller können die so freigesetzten Mittel reinvestiert werden, und die Geldmaschine kann fortfahren, immer mehr Geld zu produzieren.
Mittel werden bevorzugt für Investitionen bewilligt. Kosten finden keinerlei Wohlwollen, es sei denn, es geht um einen Auftrag, bei dessen Nichterfüllung eine Gefängnisstrafe oder Schlimmeres droht.
Es stellt sich also die Frage, ob man selbst eine Investition ist oder aber auf dem Kostenkonto geführt wird. Wo Sie stehen, können Sie an den Reaktionen der Geschäftsfüh-

rung ablesen, wenn Sie sich um finanzielle Mittel bemühen. Im folgenden sind drei Fragenkomplexe aufgeführt, die darüber Aufschluß geben:

① Ausgaben sind nur dann zu vertreten, wenn zu erwarten ist, daß ein höherer Betrag wieder zurückfließt. Je größer der Betrag ist, der für jeden ausgegebenen Dollar zurückfließt, und je schneller er wieder in die eigenen Kassen kommt, desto besser ist die Investition. Wie gut ist die Investition, die Sie Ihrem Chef vorschlagen?

② Ausgaben sind immer mit einem Risiko verbunden. Es gibt keine hundertprozentigen Sicherheiten. Mit Ausnahme einiger Idioten würde das auch niemand annehmen.
Und selbst wenn eine Rückzahlung gewährleistet ist, heißt das noch nicht, daß die Investition einen Gewinn abwirft. Auch Höhe und Zeitpunkt des Gewinns sind unsicher. Dem Topmanagement geht es immer darum, das Risiko für eine schlechte Investitionsentscheidung zu verringern. Ihre Aufgabe ist es, dem Topmanagement die Gewißheit zu verschaffen, daß sich die Investitionen rechtzeitig amortisieren werden und daß sie die Rendite erbringen, mit der es gerechnet hat. Wie risikoreich ist die Investition, die Sie Ihrem Chef vorschlagen?

③ Jeder Arbeitsvorgang in einem Unternehmen muß zu den Erträgen beitragen. Kein Unternehmen kann sich auf bloße Kostenüberwachung beschränken. Trotzdem ist Kostenkontrolle eine wichtige Maßnahme, um eine maximale Gewinnspanne zu gewährleisten. Kostenüberwachung ist für die Unternehmensführung insofern von Bedeutung, als sie hilft, Ausgaben zum einen möglichst zu vermeiden oder wenigstens zu reduzieren, zum anderen für alle Ausgaben die größtmöglichen Erträge zu erzielen. Ein Vorschlag wird beim Chef um so leichter Anklang finden, je mehr Geld die Investition wieder ins Unternehmen zurückfließen läßt. Welchen Beitrag leisten Sie für das Topmanagement zum Ziel der Kostenkontrolle? Wie stark können Sie mit Hilfe finanzieller Förderung die Kosten senken? Wie hoch sind die Erträge, die Sie für die bewilligten Mittel erwirtschaften können? Je mehr Kosten Sie einsparen und je höher die Erträge, die Sie erzielen, desto mehr Mittel können Sie für sich beanspruchen.

Dieses Denkmuster können Sie ohne Probleme auf das Geschäftsgebaren Ihren Zulieferern gegenüber ausweiten. Denn Ihre Lieferanten werden sich um die Mittel, die Ihnen zur Verfügung stehen, auf die gleiche Art und Weise bemühen, wie Sie das bei der Geschäftsführung gemacht haben. Nun befinden Sie sich in der Situation, Vorschläge annehmen oder ablehnen zu können. Nun spielen Sie die Rolle der Geschäftsführung, indem Sie Beiträge Ihrer Zulieferer zur Steigerung des Gewinns fordern und nicht nur Produkte oder Dienstleistungen. Wie können Ihre Lieferanten dabei helfen, die Kosten der einzelnen Arbeitsschritte in dem Bereich zu senken, für den sie eine Leistung anbieten? Wie hoch sind die Einkünfte, die unter ihrer Mithilfe erwirtschaftet werden? Und auf welche Weise können Ihre Zulieferer dabei helfen, das zu erwirtschaften, was die Geschäftsleitung von Ihnen verlangt? Statt ein Angebot zu unterbreiten, fordern Sie jeden einzelnen Zulieferer auf, einen verbesserten Beitrag zur Gewinnmaximierung vorzustellen, so daß Sie in der Lage sind, jeden dieser Zulieferer an angemessener

Stelle in der im Chart 1 dargestellten Wertschöpfungskette zu positionieren.
Die Geschäftsführung setzt ihre Mittel dort ein, wo sie Gewinn versprechen. Im Geschäftsleben bekommen Sie nur etwas, wenn Sie auch bereit sind, etwas zu geben. Wenn Sie in die Chefetage gehen, um Ihre Vorschläge für die gewünschten Mittel zu unterbreiten, dann müssen Sie Gewinne in Aussicht stellen, die mehr einbringen als das, was Sie nun fordern.
Wie bei jedem Manager sind es die Gewinne, nach denen Sie bei der Geschäftsführung beurteilt werden:

- Wie hoch sind normalerweise die Einnahmen, die auf jeden Dollar entfallen, der Ihnen bewilligt wurde?
- Wie schnell fließt das Geld normalerweise zurück?
- Wie sicher kann die Geschäftsführung sein, daß sich Ihre Fähigkeiten, was Höhe und Schnelligkeit des Geldrückflusses angeht, mit jedem neuen Investitionsantrag auch wiederholen?

Wenn Ihre Topmanager Sie ins Visier nehmen, so werden sie Sie als eine Mischung aus »Wieviel«, »Wie schnell« und »Wie sicher« wahrnehmen. Sie werden ganz ungeschminkt nach diesen Kriterien beurteilt, alles Weitere bleibt schmückendes Beiwerk.

Lassen Sie Ihre Einnahmen für sich sprechen

Sind die gewünschten Mittel bereitgestellt, verwalten Sie dieses Geld stellvertretend für die Geschäftsführung. Lassen Sie dieses Geld arbeiten, so erfordert das von Ihnen andere Fähigkeiten, als eine Arbeitskraft zu beschäftigen, eine Technik anzuwenden oder Rohmaterialien zu verar-

Chart 1: Wertschöpfungskette

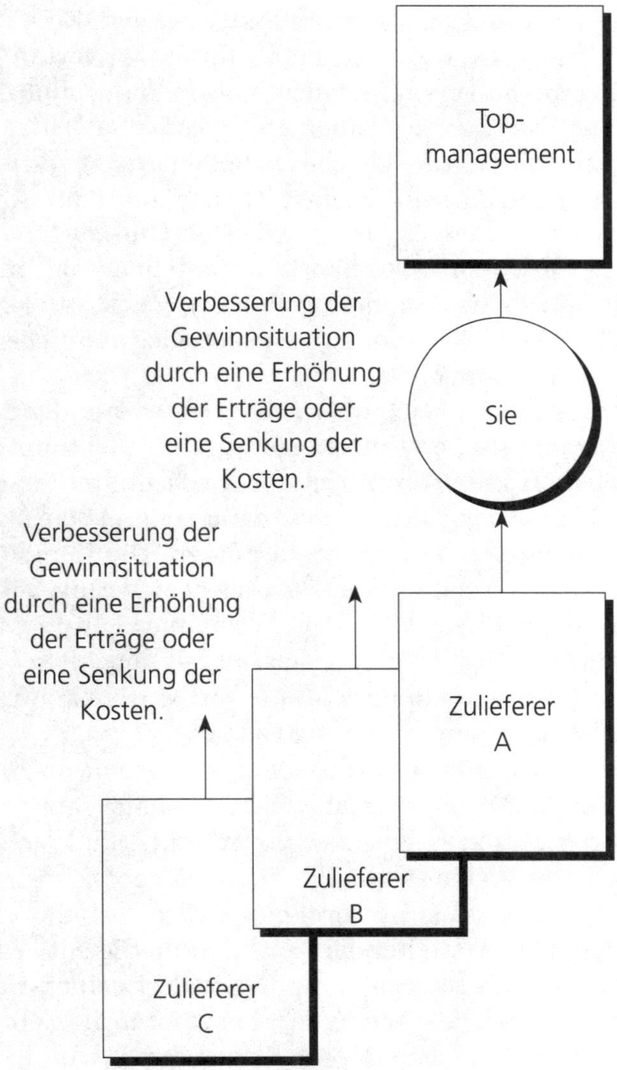

beiten. Geld ist unerbittlich. Man kann es weder einfach umschichten, wenn es erst einmal ausgegeben ist, noch kann man die ursprüngliche Investition rückgängig machen, wenn sie sich als unproduktiv erweist. Eine versäumte Chance, Geld zu machen, ist für immer vertan.

Hinzu kommt, daß man Geld nicht horten kann, ohne daß es damit an Wert verliert. Ein heute investierter Dollar ist immer mehr wert als der gleiche Dollar, morgen investiert, selbst in ein und dasselbe Projekt. Geld ist nur dann sinnvoll eingesetzt, wenn es für Sie arbeitet. Und auch dann können noch Opportunitätskosten entstehen, weil man vielleicht mit einem anderen Projekt einen größeren Gewinn hätte erzielen können oder schneller und sicherer hätte handeln können.

Topmanager machen sich über solche Dinge ständig Sorgen. Mit einer falschen Entscheidung gehen nicht nur die ohnehin schon knappen Mittel den Bach hinunter, sondern wird schon von vornherein jemand anderem die Möglichkeit genommen, sie besser zu nutzen. Die Kombination aus einem direkten Verlust und dem Verlust einer besseren Möglichkeit läßt die Unternehmensleitung mit jeder Entscheidung, die sie vermasselt, als doppelten Verlierer dastehen. Jede Bereitstellung von Mitteln konfrontiert das Management mit dieser Gefahr.

Die Topmanager mögen aus ihren Fehlern lernen, doch die ausgegebenen Mittel sind unwiederbringlich verloren. Was hat das Management über Sie gelernt? Sind Sie ein kalkulierbares Risiko? Ist das Topmanagement schon einmal von Ihnen enttäuscht worden und wird deshalb beim nächstenmal zurückhaltender sein? Sollten Sie entweder ein guter oder ein schlechter Geldverwalter sein, ist die Entscheidung für das Topmanagement einfach. Sollten Sie irgendwo dazwischen liegen, werden ihre gewinnbringenden Investitionen durch die schlechten überlagert.

Don Regan formulierte das vor seinen Managern bei Merrill Lynch folgendermaßen: »Ihr könnt nicht ein gutes Jahr haben, dann ein schlechtes und erwarten, daß ihr dann immer noch euren Job habt.«
Bei Ford ist es nicht anders, dort heißen die drei wichtigsten Charakterzüge eines Managers Zuverlässigkeit, Zuverlässigkeit und noch einmal Zuverlässigkeit – bezogen auf solche Dinge wie Einsparungen in Höhe von 1,5 Dollar für jeden bewilligten Dollar oder Einnahmen in Höhe von drei Dollar aus jedem investierten Dollar. Zwei gute Jahre bedeuten noch lange keine Karriere, aber ein schlechtes kann das Ende einer solchen bedeuten. Für das Topmanagement ist das Risiko einfach zu groß, daß auf das eine schlechte Jahr noch ein schlechtes Jahr folgt.
Auf den Vorgehensweisen der Chefetage basierend, müssen Sie Ihre Strategien für die Bereitstellung der für Sie notwendigen Mittel in sechs Punkten verändern:

① Sie müssen aufhören, um Bewilligung zu bitten. Sie müssen Geld mitbringen, wenn Sie nach oben gehen, und können es nicht fordern. Sie dürfen also nicht nur Mittel verbrauchen, sondern müssen zur Steigerung der Gewinne beitragen.
② Sie dürfen Ihre Forderungen nach Mitteln nicht als Kosten darstellen, sondern als Investitionen. Sie müssen im Umgang mit Geld genauso sicher sein wie beispielsweise bei der Koordinierung von Arbeitsprozessen.
③ Sie müssen dem Management die zu erwartenden Einnahmen auf ihre Investitionen verkaufen, nicht die Investitionen selbst. Sie müssen erst die zu erwartenden Einnahmen aufzeigen, bevor Sie zu den Kosten kommen.

④ Sie müssen in den Bereichen, in denen Mittel fließen, vorne mitmischen. Sie müssen sich der Unternehmenszielsetzung anpassen, denn der Zweck heiligt bekanntlich die (finanziellen) Mittel.

⑤ Sie müssen die Wertbeständigkeit Ihrer Einnahmen unter Beweis stellen, nicht die sensationelle Neuartigkeit der Investition. Sie müssen das Risiko für die Unternehmensleitung so gering wie möglich halten.

⑥ Sie müssen kontinuierliche Profite erzielen und nicht bloß gelegentliche Zufallstreffer. Sie müssen Ihre Zuverlässigkeit herausstellen.

Wenn all das einen zu radikalen Wandel für Sie bedeutet, gibt es immer noch genug Wege, Ihre Vorgaben aufzuwerten. Sie können zum Beispiel den Standpunkt einnehmen, daß das Topmanagement einen bestimmten Betrag für Ihre Tätigkeiten ausgeben muß, nur um konkurrenzfähig zu bleiben, warum also sich weiterhin mit der Beurteilung Ihrer Leistung herumquälen? Oder Sie können auf die Zeit verweisen, die verlorengeht, wenn man Sie beurteilt und Sie damit von wichtigeren Dingen, wie zum Beispiel der Ausarbeitung neuer und besserer Konzepte, abhält.

Wenn Sie lange genug darüber nachdenken, werden Sie sicher auch feststellen, daß es Fälle gibt, in denen das Topmanagement entschieden hat, ohne vorher eine Kosten-Nutzen-Analyse durchzuführen. So zum Beispiel die Minimierung der Arbeitsschritte innerhalb eines Produktionsprozesses von vierzehn auf drei oder eine Beschleunigung der Laufzeiten um zwanzig bis dreißig Prozent. Manchmal reicht es schon, Ihre Budgetforderungen im Rahmen des Üblichen in Ihrer Sparte zu stellen, ohne daß Sie den Nettogewinn beziffern müssen, den Sie mit Ihren Mitteln erzielen können. Allein die Tatsache, daß einige Werte nur

schwer in handfeste Zahlen zu fassen sind, mag als hinreichende Entschuldigung gelten.
Jede Weigerung, Budgetforderungen an Rentabilitätsvorgaben zu knüpfen, wird sich mit der Zeit aber rächen. Während der achtziger Jahre war ein solches Verhalten üblich. Bis zum Ende dieses Jahrtausends wird davon nur noch in den Annalen der Wirtschaftshistorie die Rede sein, weil das Topmanagement längst zu folgendem Schluß gekommen ist: Es ist besser, wenn ein Mitarbeiter Kosten und Nutzen eines Projektes analysiert, als wenn sie selbst gezwungen sind, eine Entscheidung zu treffen, ohne über das notwendige Zahlenmaterial zu verfügen. Wenn es darum geht, Ihren Zeiteinsatz gegen den des Topmanagements abzuwägen, werden Sie immer den kürzeren ziehen.
Wenn Sie sich vergegenwärtigen, daß Ihnen das Topmanagement einzig aus dem Grunde Geld zur Verfügung stellt, um mit Hilfe dieser Investitionen eine Wertsteigerung zu erzielen, werden Sie erkennen, was letztendlich die Mittel freigesetzt hat: die Aussicht, durch Einsatz der Mittel zur Kostensenkung und Ertragssteigerung den ursprünglichen Wert der Ausgaben um ein Vielfaches zu übertreffen. Wenn Sie nun »oben« in der Chefetage mit der Geschäftsführung über zukünftige Investitionen zu Rate sitzen, vergessen Sie nicht, daß kein Argument schlagkräftiger ist als die Höhe Ihrer Ergebnisse.
Wieviel mehr wird letztendlich für jeden Dollar, den Sie fordern, wieder zurückfließen, und innerhalb welcher Zeit wird das geschehen? Wenn die Ergebnisse, die Sie verzeichnen können, für sich sprechen, so bleibt alles, was Sie darüber hinaus anführen, nebensächlich. Sollten die Ergebnisse aber nicht für sich sprechen, nützt Ihnen auch die beste Begründung für ein Projekt nichts.

I

Die Anpassung

Neue Wege der Selbsteinschätzung

1 Präsentieren Sie sich als Partner

»Die Borden Company ist ein Geldautomat«, das war von ihrem Vorstandsvorsitzenden Romeo Ventres nicht selten zu hören. Wenn man ihn daraufhin fragte, was Borden mache, so sagte er nicht: »Milchprodukte«, sondern: »Geld«.
Das Topmanagement setzte Borden immer mit Geld gleich. Aber für die restlichen Mitarbeiter war Borden etwas ganz anderes. Die Produktionsmanager empfanden Borden als Produktionsmaschine. Die Lagerverwalter betrachteten das Unternehmen als Materialverwaltungsmaschine. Für die Mitarbeiter im Bereich F & E war Borden eine Forschungs- und Entwicklungsmaschine. Und die Werbemanager sahen nur die Marketingmaschine.
Wenn diese Leute nun ihren Weg nach oben antraten, um Projekte durchzusetzen und die entsprechenden Mittel zu erhalten, so sprachen sie zu einer Wand. Sie versprachen mehr und bessere Produkte, schnellere Informationsübermittlung, weniger Lagerüberschüsse und weniger Retouren, erfolgreichere Produkte und überzeugendere Werbekampagnen. Eines hatte Romeo Ventres mit allen anderen Vorstandsvorsitzenden gemeinsam, er konnte eine geniale Werbekampagne nicht von einem Schuß in den Ofen unterscheiden. Auch konnte er nicht wissen, ob ein reibungsloser Informationsfluß tatsächlich zu schnelleren und besseren Entscheidungen führt, die höhere Gewinne nach sich ziehen, oder das Ausfindigmachen von Märkten

für erfolgversprechende Produkte erleichtert. Das einzige, was er deshalb wirklich wissen wollte, war, wie viele zusätzliche Dollar Gewinn all diese Dinge für Borden bedeuteten.
Da er nicht beurteilen konnte, wie sich ein Vorschlag seiner Mitarbeiter, mit seiner Zielsetzung, aus Borden einen preiswerten Hersteller mit hohen Umsätzen zu machen, vereinbarte, war er auch nicht in der Lage, die finanziellen Mittel dort zuzuwerten, wo seine Zielsetzungen gefördert werden. Einige unfähige Manager erhielten so ihre Budgets, doch schlimmer war, daß andere, fähige Mitarbeiter mit leeren Händen dastanden.
Bei Ihrer nächsten Präsentation vor dem Topmanagement denken Sie daran: Das Gelingen Ihres Vorhabens hängt davon ab, ob das Projekt mit den Zielen des Topmanagements übereinstimmt.
Anhand der folgenden beiden Fragen können Sie klären, inwiefern das bei Ihren Projekten der Fall ist.

① *Stimmt mein Investitionsantrag mit einem der zentralen Ziele des Topmanagements überein?*

Sollte dies der Fall sein, stellen Sie Ihre Forderung in den Bereichen, von denen Sie wissen, daß dort bereits Mittel budgetiert wurden. So haben Sie die besten Chancen, daran zu partizipieren. Nun sollten Sie darauf verweisen, daß Ihr Vorschlag entweder geeignet ist, die Zielsetzung des Topmanagements zu übertreffen oder sie schneller als geplant zu erreichen – oder aber mit größerer Sicherheit.

② *Stimmen meine Forderungen mit der Checkliste des Topmanagements für zu bewilligende Forderungen überein?*

Sollte dies der Fall sein, müssen Sie nicht länger befürchten, daß Ihre Forderungen als zusätzliche Kosten geführt werden, sondern können davon ausgehen, daß sie als Wertsteigerung empfunden werden, die der allgemeinen Wettbewerbsfähigkeit des Unternehmens zugute kommt. Um das zu erreichen, müssen Sie Ihre Forderung nach Bewilligung von vornherein als das Ergebnis dieser Bewilligung ansehen. Dem Management müssen die Ergebnisse, die Sie erzielen werden, in deren Kategorien, als Gewinne aus Investitionen und Amortisationsdauer, schmackhaft gemacht werden.

Wie Sie den Geldbeutel des Unternehmens füllen

Wenn Ihre Mittel bewilligt werden, Sie also genau das Budget erhalten, das Sie sich vorgestellt haben, müssen Sie den Nachweis erbringen, daß sich die Investition in Ihren Vorschlag auszahlt; mit anderen Worten, letztendlich wird sich die Gewinnsituation verbessern, und zwar durch Ihre Fähigkeiten, den Ihnen zugewiesenen Teil des Betriebsvermögens so zu verwalten, daß mehr zurückfließt, als herausgenommen wurde.
Das heißt, wenn Sie versuchen, in den Geldbeutel des Unternehmens zu greifen, müssen Sie zuerst klarstellen, wieviel Sie nachher wieder hineinstecken können. Die Menge, die Sie herausnehmen, sind die Mittel, die das Topmanagement in Sie investiert. Was wieder zurückkommt, ist die Rendite. Die Beziehung zwischen Investition und Rendite wird Return on Investment (ROI) genannt. Für

Topmanager bedeutet das: Wieviel erhalte ich nach Abzug aller Kosten für jeden Dollar, den ich herausgebe, zurück – einen Dollar, zweieinhalb, fünf oder zehn Dollar? Wann kann ich damit rechnen? Wie sicher kann ich mir sein? Wieviel, wie schnell, wie sicher – das sind die drei wichtigen Punkte, wenn es darum geht, ein Vorhaben durchzusetzen und das entsprechende Budget zu erhalten. Auf welchem der drei folgenden Stapel beim Management Ihr Projekt landet, hängt davon ab, was Sie an »Wieviel«, »Wie sicher« und »Wie schnell« versprechen können:

Stapel 1: Die Mittel müssen bewilligt werden.
Stapel 2: Die Mittel könnten bewilligt werden.
Stapel 3: Keine Aussicht auf Bewilligung.

Ihre Vorgesetzten haben das gleiche Problem wie Sie: Kosten kontrollieren und gleichzeitig eine Spitzenleistung erzielen. Sie haben dieses Problem für die Abteilung oder den Bereich, für den Sie verantwortlich sind. Das Topmanagement hat das Problem für das Unternehmen als Ganzes. Jeder versucht überall und auf jede erdenkliche Art und Weise, Qualität und Produktivität zu erhöhen, sowenig Kosten wie möglich zu produzieren und seinen Beitrag zur Mehrung der Einkünfte zu leisten. Zusätzlich haben Sie auch noch die Aufgabe, dem Topmanagement die notwendigen finanziellen Mittel abzuringen. Die beste Chance, hier überdurchschnittlich abzuschneiden, haben Sie, wenn die »kulturellen Unterschiede« zwischen Ihnen und Ihren Vorgesetzten möglichst gering sind. Während Sie nämlich darüber nachdenken, wie Sie die Abläufe in Ihrem Bereich optimieren können, ist das Topmanagement eigentlich nur daran interessiert, wieviel Gewinn Ihr Bereich abwirft. Der Graben, der durch die unterschiedliche Denkweise und Kultur zwischen Topmanage-

ment und mittlerem Management verläuft, kann die Ursache für die Ablehnung von Projekten sein. Der Versuch, Ihre eigenen Leistungen zu optimieren, führt dazu, daß Ihr Vorhaben auf den Stapeln 2 oder 3 landet. Sollten Sie dem Topmanagement dagegen bei der Gewinnmaximierung eine Hilfe sein, werden Sie sich auf Stapel 1 wiederfinden.
Ihre Forderung nach Mitteln wird bewilligt, wenn Sie zwei Voraussetzungen erfüllt:

① Das Unternehmen macht daraus Gewinne.
② Sie, als Investor, erzielen höhere Gewinne für das Unternehmen als ein anderer Manager.

Das ist als »Business-Case«-Strategie zur Erlangung von Mitteln bekannt. Diese Strategie soll die technische, operative Kultur des mittleren Managements, mit der finanzorientierten Kultur des Topmanagements verbinden. Wenn die Kluft zwischen mittlerem Management und Topmanagement unüberbrückbar bleibt, werden Kommunikationsstörungen und Mißverständnisse zu verpaßten Gelegenheiten führen.
Sich für die richtigen Investitionen zu entscheiden ist Aufgabe des Topmanagements. Es verteilt die Investitionsmittel nach der Frage »Was erhalte ich zurück, und wann erhalte ich es zurück?« Sofern Sie dem Topmanagement Ihre Forderungen nach Mitteln nicht mit absehbaren Ergebnissen einsichtig machen können, riskieren Sie, mit einem zu niedrigen Budget abgespeist zu werden oder sogar leer auszugehen – ein magerer Lohn für all Ihr Engagement bei der Vorbereitung und Präsentation Ihres Projekts.

Wie Sie in der Rangliste der Bewilligungen nach vorn kommen

Alle Vorschläge, die zur Mehrung des Gewinns in wichtigen Geschäftsbereichen beitragen, sind erst mal gleichwertig. Für das Topmanagement macht es keinen Unterschied, welcher Vorschlag berücksichtigt wird; nur die Ergebnisse zählen. Es ist im Sinne des Managements, einen offenen Wettbewerb um die Vergabe seiner Mittel zu forcieren. Es heißt, daß sich in einem Wettbewerb die besten Investitionsvorschläge durchsetzen werden – genauso wie die besten Investoren.
Das Management verhält sich bei der Bewilligung von Mitteln so ähnlich wie ein Auktionator: Hier sind die Mittel; was wird an Einnahmen geboten? Topmanager denken weniger daran, bestimmte Projekte zu finanzieren, als vielmehr daran, einen ganz bestimmten Investor – einen persönlichen Vermögensmanager – mit Mitteln zu versorgen. Geld zu verleihen ist Vertrauenssache. Und Vertrauen setzt man in Menschen, nicht in Projekte. Es ist das Ergebnis einer Verschmelzung von gefühlsmäßiger und sachlicher Einschätzung der jeweiligen Person.

- Wird dieser Manager halten, was er verspricht? Was sagt mein Kopf? Was sagt mein Bauch? Stimmen sie überein?
- Ist das Projekt zu umfangreich für den Manager oder die Managerin? Ist der Zeitrahmen zu eng? Ist es das erste Mal, daß er oder sie eine solche Sache betreut? Oder werde ich am Ende mit einem Pferd ohne Reiter (einem gefeuerten Manager) oder mit einem Reiter ohne Pferd (einem verlorenen Projekt) dastehen?
- Wie sehr hängt der Mitarbeiter an seinem Projekt? (Ist es eine Arbeit, die er mit Liebe und, wenn es sein muß,

auch an sieben Tagen in der Woche macht – oder ist es einfach nur ein Job? Ist da genug »Power«, auf jeden Fall schwarze Zahlen schreiben zu wollen?

- Ist diese Person sich nicht zu schade, Hilfe zu suchen, wenn es ernsthafte Probleme gibt, oder will sie heroisch um jeden Preis beweisen, daß sie die Sache im Griff hat, und riskiert damit ein Desaster? Handelt es sich um einen egoistischen Menschen, oder verfolgt er höhere Ziele?
- Würde ich diesem Menschen meinen letzten Dollar anvertrauen, wenn es um alles oder nichts geht?

Topmanager haben eine Vorliebe für Leute, die Einsatz zeigen, für diejenigen im mittleren Management, die um Ihre Budgets mit guten Vorschlägen für den Umgang mit dem Geld des Unternehmens kämpfen. Der Ruf eines Etat-Fighters allein garantiert nicht die Bereitstellung höherer Mittel, aber Sie erhalten dadurch mehr Möglichkeiten, Vorschläge einzubringen. Auch die Frage, die jedem Topmanager durch den Kopf geht, wenn er aufschaut und Sie im Türrahmen stehen sieht – »Was mag er wollen?« –, beantwortet sich von allein: »Er wird wohl einen weiteren seiner Vorschläge zur Mehrung des Gewinns machen.«

Je mehr Sie auf die Qualität Ihrer Arbeit verweisen, desto weniger werden Sie in der Lage sein, sich selbst aus der Perspektive des Topmanagements zu sehen. Bevor das Topmanagement Ihnen Mittel zur Verfügung stellt, werden sie verlangen, daß Sie unter Beweis stellen, wie gut Sie als Verwalter ihres Geldes sein werden. Sind Sie eine erstklassige Anlage? Ist ein Dollar in Ihrer Hand eine bessere Investition als derselbe Dollar in der Hand eines anderen? Wie schneiden Sie ab im Hinblick auf das »Wieviel« – den Gegenwert, den Sie erarbeiten –, wie im Hinblick auf das »Wie schnell« – die Zeit, die Sie bis zur Amortisation der Investition benötigen – und im Hinblick auf das »Wie sicher« – die Gewähr, daß Sie innerhalb der Zeit, die Sie berechnet haben, den Betrag erwirtschaften können, den Sie vorgegeben haben?

Sie erhalten das Geld, wenn Ihre Projekte in eine Richtung gehen, die zu den strategischen Unternehmenszielen passen. Das ist die halbe Miete. Die andere Hälfte wird durch die Frage bestimmt: Was ist aus Ihrem letzten Projekt geworden? Was haben Sie aus dem Geld des Unternehmens gemacht? Lief die Verzinsung der Investition wie erwartet? War sie im Zeitlimit? Das ist die Art und Weise der Unternehmensleitung, Sie darauf hinzuweisen, daß es nichts umsonst gibt. Was Sie erwarten können, wird immer davon abhängen, wie hoch der Rückfluß Ihrer Projekte normalerweise ist und was Sie mit Ihrem aktuellen Vorschlag an Einnahmen erzielen wollen.

Wenn Ihre letzten Ergebnisse schlecht waren oder sie einen Abwärtstrend aufweisen, gibt man Ihnen vielleicht nicht noch mal eine Chance.

Wenn Sie als Techniker oder Naturwissenschaftler den F & E-Bereich leiten, so wird es Ihr Ziel sein, immer wieder innovative Produkte zu entwerfen. Aber wenn die Kosten höher sind als das, was die Produkte einbringen, oder die Produkte zu spät auf den Mark kommen, um die Gewinne abzuschöpfen, oder die Produkte hohe Ersatz- oder Garantieleistungen nach sich ziehen, dann machen Sie Ihren Job nicht, wie ein guter Geschäftsmann ihn machen sollte. Das werden Sie spätestens dann merken, wenn Sie der Geschäftsleitung das nächste Projekt vorstellen.

Wenn Sie als Ingenieur Betriebsleiter einer Fabrik sind, so werden Sie Ihre Aufgabe darin sehen, Produkte zu fertigen, die Ihre Kunden zufriedenstellen. Sollten Ihre Ausfallzeiten und die Nachbesserungsrate aber hoch sein und die Durchlaufzeiten lang, dann sind auch Sie kein guter Geschäftsmann. Und wenn Sie sich das nächstemal um finanzielle Mittel bemühen, wird man Sie das spüren lassen.

Wenn Sie sich als Computerfachmann mit der Datenverarbeitung befassen, besteht Ihre Aufgabe darin, die notwendigen Daten dem gesamten Unternehmen verfügbar zu machen, so daß eine weltweite Produktentwicklung und Vermarktung möglich wird. Sollten Ihre Programme dabei versagen, sollten Sie nicht in der Lage sein, die Produktivität deutlich anzuheben, dann sind auch Sie kein guter Geschäftsmann. Das werden Sie spätestens bei der nächsten Vergabe von Mitteln zu spüren bekommen.

Wenn Sie Ihre Arbeit mit dem Ziel verfolgen, die Investitionen des Topmanagements als Vielfaches zurückfließen zu lassen, so werden Sie ein bevorzugter Kandidat bei der Vergabe von Mitteln sein. Es zeigt dem Topmanagement, daß Sie die unausgesprochene Regel, die für jeden gilt, der vor ihnen steht und sein Gesuch um Mittel vorbringt, verstanden haben:

> Sie müssen verstehen, daß die Reihe derer, die um das Kapital buhlen, lang ist. Alle Bewilligungen werden von der eingehenden Untersuchung der wirtschaftlichen Vorteile eines jeden Projekts abhängig gemacht. Wenn Sie sich also diesem Wettkampf stellen, müssen Sie uns zunächst derart überzeugendes Zahlenmaterial liefern, daß wir uns schließlich zu Ihren Gunsten und auf Kosten eines anderen entscheiden. Anderenfalls sind Sie es, der am Ende mit langem Gesicht und gekürzten Mitteln dasteht.

Tragen Sie, entweder in Ihrem eigenen Bereich oder an anderer Stelle im Unternehmen, maßgeblich zur Kostensenkung bei? Das würde beweisen, daß Sie gut mit Geld umgehen können – und keine andere Fähigkeit hat eine so

große Bedeutung wie diese. Sie mögen denken, daß Sie Menschen, Produkte oder Finanzen managen; Sie mögen den Titel eines Entwicklungsingenieurs, eines Betriebsleiters oder eines EDV-Managers tragen. Einerlei – aus der Sicht des Topmanagements sind Sie immer jemand, der die Vermögenswerte des Unternehmens verwaltet.
Jedes Handeln mit diesen Vermögenswerten ist mit Kosten verbunden. Ihre Aufgabe ist es, daraus mehr Geld zu schöpfen, als entnommen wird, oder die Produktionskosten so weit zu senken, daß es sich auszahlt. Wenn es Ihre Aufgabe ist, sich um zusätzliche finanzielle Mittel zu kümmern, gilt das ebenso. Das heißt, daß jedes neue Projekt sich selbst tragen muß und dann entweder zu zusätzlichen Gewinnen oder niedrigeren Kosten führen sollte.
Doch was ist, wenn Sie nun als fähiger Geldmanager bekannt sind und trotzdem in diesem Jahr nur ein zusätzliches Projekt bewilligt wird? Oder wenn die Geschäftsleitung zu lange braucht, um sich für Ihr Vorhaben zu entscheiden?

So denkt das Topmanagement

Topmanager legen großen Wert darauf, daß das mittlere Management die strategischen Geschäftsziele des Unternehmens verstanden hat und weiß, wie es seinen Beitrag dazu leisten kann. Mit anderen Worten, sie wollen wissen, inwieweit der Beitrag des mittleren Managements in das Konzept des gesamten Unternehmens paßt, um ihn dann für ihre Zwecke nutzen zu können.
Für das Topmanagement zählen vor allem die allgemeinen Unternehmensziele. Die Ziele der einzelnen Unternehmensbereiche sind aus Sicht der Leute an der Spitze mit ein paar Worten definiert: das Unternehmen durch

eine bestimmte Senkung der Kosten unterstützen oder durch höhere Einnahmen oder die gleichen Einnahmen bei reduzierten Kosten. Um diese Ziele zu erreichen, gewährt Ihnen das Topmanagement so viel Entscheidungsfreiheit, daß Sie ähnlich wie ein Geschäftsführer handeln können. Sollten Sie beispielsweise die Forschungs- und Entwicklungsabteilung eines Unternehmens leiten, so sind Sie mit der Machtfülle des Geschäftsführers eines quasi autonomen Forschungs- und Entwicklungsunternehmens ausgestattet. Sie können sich damit in Ihrer Haut wohl fühlen, solange Sie sich in Ihrem Geschäftsbereich bewegen, doch wenn Sie bei der Geschäftsführung vorstellig werden und sich um Mittel bemühen, so wird von Ihnen erwartet, daß Sie Ihre Funktion und die strategischen Geschäftsziele des Managements unter einen Hut bringen. Was Sie für die Forschungs- und Entwicklungsabteilung leisten, steht nicht länger im Mittelpunkt des Interesses, sondern das Topmanagement möchte wissen, inwiefern diese Abteilung dem Unternehmen im ganzen zugute kommt.
Ähnliches gilt, wenn Sie für die Produktion verantwortlich sind. Sie sind dann mit der Machtfülle des Geschäftsführers eines quasi autonomen Unternehmens ausgestattet, das preßt, stanzt, fräst, gießt oder schmelzt. Vor der Geschäftsführung müssen Sie als preiswerter, zuverlässiger, schneller und innovativer Anbieter innerhalb des Unternehmens bestehen, dessen Leistungen genauso kostengünstig sind wie die eines externen Anbieters.
Ihr Erfolg hängt also ganz allein davon ab, wie Sie sich selbst darstellen. Sollten Sie Ihre Forderungen nach Mitteln wie üblich präsentieren, so wird das Topmanagement Sie als dienstbeflissenen Menschen einschätzen, dessen Ziele operativ und nicht strategisch sind. Doch wenn Sie sich mit dem Unternehmen identifizieren, können Sie sich

in die Geschäftsstrategie des Unternehmens als ernstzunehmender Geschäftspartner einklinken, statt nur ausführendes Organ zu sein. So wird Ihr Beitrag zu den maßgeblichen Zielen des Unternehmens ins rechte Licht gerückt. Ihr Einfühlungsvermögen in die Vorstellungen des Topmanagements ist beim Wetteifern um die finanziellen Mittel viel wichtiger als Ihre Funktion.

Kein Argument ist zwingender für das Topmanagement als Budgetforderungen, die Sie nach kaufmännischem Kalkül stellen. Für Topmanager ist Geld eine sehr ernste Angelegenheit. Letztendlich sind sie Betreiber eines Geldautomaten. Sie wissen auf den Dollar genau, welcher Bruttobetrag notwendig ist, um mit dem gewünschten Nettobetrag abschließen zu können, und daß Sie nach einem Teil dieses Kuchens verlangen. Wenn Sie sich mit Ihrem neuen Konzept vorstellen, interessiert das Topmanagement nur der Teil Ihrer Verbesserungsvorschläge, der Gewinne bringt.

In der Topetage des Unternehmens hat das Wort »Verbesserung« seine eigene Bedeutung. Während Sie im operativen Bereich von einem kontinuierlichen Verbesserungsprozeß sprechen, spricht das Topmanagement von kontinuierlichen Steigerungen der Einnahmen und kontinuierlichen Fortschritten bei der Kostenkontrolle. Sie reden von wachsender Produktivität, doch das Topmanagement denkt nur an die zusätzlichen Kosten, die die Umsetzung erfordert. Das gleiche Mißverständnis kann sich ergeben, wenn Sie von Qualität reden und das Topmanagement nur an die zusätzlichen Kosten der Qualitätssicherung denkt. Werden sich daraus Einsparungen ergeben? Werden neue Einnahmequellen hinzukommen? Sollten Sie nicht in der Lage sein, den Kosten, die Sie verursachen, angemessene Werte gegenüberzustellen, so landen Sie in einer Sackgasse. Das Management läßt auf der einen Seite Geld hineinfließen, ohne daß auf der anderen Seite etwas herausgelangt.

Lassen Sie es nie so weit kommen, daß Ihre Arbeit so eingeschätzt wird wie häufig Informationssysteme, flexible Fertigungssysteme oder Verkaufstrainings, in die manche Unternehmen eine Menge Geld stecken: »Trotz hoher Investitionen kann keine Produktivitätssteigerung nachgewiesen werden.«

Sollte Ihr Bereich kurz davor sein, ein typisches Bild für ein Sackgassenmanagement abzugeben, so sind Sie gezwungen, Ihre Gedankengänge und die des Topmanagements einander anzugleichen. Jeden Tag, wenn Sie mit Ihrer Arbeit beginnen, sollten Sie sich zuerst Ihre variablen Kosten angucken. Fragen Sie sich selbst, wie Sie diese variablen Kosten einsetzen können, um Ihre Gewinne zu maximieren. Jedes Kilogramm, jeder Meter und jeder Liter eines Rohstoffes, den Sie bestellen, lagern, verbrauchen oder verschwenden, bedeutet einen Zuwachs an variablen Kosten. Das gleiche gilt für jede bezahlte Arbeitsstunde. Jede Ausfallzeit verschwendet das investierte Geld. Jeder Arbeitsplatz verursacht Kosten, wenn er brachliegt, diese sind noch höher, wenn dort Ausschuß produziert wird, und sie multiplizieren sich um ein Vielfaches, wenn dieser länger im Produktionsprozeß verweilt. Und letztendlich sind Sie selbst der größte Kostenfaktor in dieser Reihe. Wie können alle diese Kostenfaktoren dazu beitragen, daß Geld verdient wird?

Wieviel Geld schöpfen Sie für jeden Dollar, der in Ihre Arbeit investiert wurde? Inwieweit konnten Sie die Kosten für den Prozeß des Geldmachens pro investierten Dollar senken? Kann die gleiche Investition besser verwaltet werden und damit einen deutlich höheren Rückfluß garantieren? Wenn nicht, wie wollen Sie Ihre Mittel erhalten, wenn die einzige Möglichkeit der Bewilligung darin besteht, mehr Geld zu liefern, als man gefordert hat?

Wie Ihre Mittel schneller fließen

Ihre Chance ist es, sich auf einer Ebene mit den strategischen Unternehmenszielen des Topmanagements zu bewegen und zu lernen, daß man nie deshalb Mittel fordern darf, weil man beispielsweise bestimmte Abläufe in seiner Abteilung verbessern möchte, sondern daß es darum geht, Einnahmen zu erzielen und die Wettbewerbsfähigkeit des Topmanagements zu erhöhen.
Diese neue Sichtweise erfordert, daß Manager im operativen Bereich sich von ihrer ausschließlichen Leistungsbezogenheit lösen und die Umsetzung in den finanziellen Nutzen erfolgt. Der finanzielle Erfolg einer Leistungsverbesserung ist Leib und Seele einer erfolgversprechenden Budgetforderung.
Die Vergabe von Mitteln ist ein interner Verkaufsprozeß. Das mittlere Management verkauft Erträge. Das Topmanagement kauft sie ein, indem es dem mittleren Management die Investitionen bezahlt. Wenn Sie die folgenden fünf Punkte beachten, werden Ihre Mittel schneller fließen:

① Sie schlagen vor, neue Werte zu schaffen, statt sich mit überkommenen Werten abzuplagen.
② Sie schlagen Investitionsmöglichkeiten vor, statt Kosten zu verursachen.
③ Sie schlagen Investitionen vor, die Erträge abwerfen, und müssen sich so nicht für die Kosten rechtfertigen.
④ Sie machen Ihren Vorschlag unter kaufmännischen Gesichtspunkten, die das Topmanagement sofort versteht, und können sich so lange Erklärungen Ihrer Vorstellungen sparen.
⑤ Sie schlagen vor, daß das Topmanagement die Kosten

vergleicht, statt Sie und Ihre Kollegen miteinander zu vergleichen.

Auch dem Topmanagement ist diese Vorgehensweise am liebsten. Ich nenne sie »Consultative Selling« und habe sie in meinem gleichnamigen Buch (New York 1991) beschrieben. Wenn Sie dem Topmanagement ein Projekt verkaufen, wenden Sie einfach die interne Form des Consultative Selling an.
Weil Sie auf diese Weise nur die Erträge verkaufen müssen und keine Zwischenschritte wie einen veränderten Personaleinsatz oder Leistungssteigerungen, verkürzt sich die Zeit des Verkaufsprozesses, durch den Sie Ihre Mittel erhalten. Dem Topmanagement bleibt gar keine Zeit mehr, um die Kosten für Ihren Etat in Frage zu stellen. Schließlich kennt man Ihren Investitionsplan und weiß, daß jeder weitere Tag, an dem nicht entschieden wird, eine Verringerung des Gewinns bedeutet. Die Zeit wird so zu Ihrem Geschäftspartner. Ein Versäumnis kann sich das Topmanagement nicht erlauben, weil die Opportunitätskosten zu hoch wären. Ihren Antrag zu unterschreiben ist die beste Art, Geld in die Kasse fließen zu lassen. Der andauernde Druck auf die Geschäftsleitung, daß die Gewinnsituation besser werden muß, gibt den Anreiz, sich für Ihren gewinnversprechenden Vorschlag zu entscheiden. Jeder Tag, der für die Entscheidungsfindung nötig ist, verzögert die Rückzahlung und verschiebt die Aussicht auf den Ertrag aus den Investitionen um mindestens weitere vierundzwanzig Stunden. Durch jeden Aufschub sinkt der Wert eines Dollars im Vergleich zum heutigen Tag.
Die Leistungskriterien, von denen das Topmanagement die Freisetzung Ihrer Mittel abhängig macht, können wie folgt zusammengefaßt werden:

- Sie erfüllen die an Sie gestellten Anforderungen, wenn Sie die Kosteneffizienz Ihrer Arbeit kontinuierlich steigern können.
- Sie erfüllen die Anforderungen an Ihre unternehmerischen Qualitäten, wenn Sie eine kontinuierliche Steigerung des Beitrags Ihrer Arbeit zum Unternehmensgewinn vorweisen können. Das setzt voraus, daß entweder die Kosten fortlaufend gesenkt werden oder der Beitrag zu Einnahmen und Erträgen stetig wächst.

Für das Topmanagement ist der Return on Investment das maßgebliche Bewertungskriterium, um Ihre Leistung nach betriebswirtschaftlichen Kriterien beurteilen zu können. Dabei wird verglichen, wieviel an Sie ausgezahlt wurde und wieviel zurückgeflossen ist. Ihr Erfolg ist der Gewinn des Topmanagements!
Um Ihren Part bei diesem Geschäft zu erfüllen, müssen Sie erst mal herausfinden, wie Ihr Unternehmen eigentlich funktioniert. Sollte das Unternehmen mit niedrigen Gewinnspannen pro Stück operieren und der Gewinn von hohen Stückzahlen abhängen, so sollten Sie versuchen, den ROI durch ein erhöhtes Auftragsvolumen, einen effektiveren Versand und einen konsequenteren Einzug von Forderungen zu optimieren. Wenn die Umschlagshäufigkeit dagegen relativ gering ist und das Geld mit hohen Margen pro Stück verdient wird, so sollten Sie versuchen, den ROI durch verkürzte Zyklen, in denen neue Produkte entwickelt werden, und durch neue, bessere Vertriebskanäle zu optimieren.
Sie leiten zum Beispiel eine Stabsstelle wie die Personalabteilung oder sind verantwortlich für die Datenverarbeitung und wollen Ihre Arbeit verbessern. Um das zu erreichen, sollten Sie den derzeitigen Beitrag zu Ihren Gesamtkosten, der von einem der kritischen Arbeitsprozesse

oder dessen Bearbeitungszeit innerhalb Ihrer Abteilung ausgeht, ins Visier nehmen. Es gilt dann, diesen zu optimieren oder die Bearbeitungszeit zu verkürzen. Sie wollen entweder die Arbeit von Mitarbeitern, zum Beispiel in der Produktion oder in der Lagerverwaltung, verbessern oder einen Beitrag zu einem vorrangigen Unternehmensziel wie der schnelleren Markteinführung neuer Produkte oder der Kostensenkung bei der Qualitätssicherung leisten. Um das zu erreichen, sollten Sie den derzeitigen Beitrag zu Ihren Gesamtkosten, der von einem der kritischen Arbeitsprozesse oder dessen Bearbeitungszeit innerhalb Ihrer Abteilung ausgeht, ins Visier nehmen. Es gilt dann, dort die Kosten zu senken oder einen Zuwachs der Einnahmen zu ermöglichen.

Sie tragen die Verantwortung für eine Kostenstelle, wie zum Beispiel die Abteilung Forschung und Entwicklung oder Verkauf und Marketing, oder Sie sind Betriebsleiter. Auch dann nehmen Sie den Beitrag zu den Gesamtkosten ins Visier, der von einem der kritischen Arbeitsprozesse oder seiner Bearbeitungszeit innerhalb Ihrer Abteilung ausgeht, und versuchen diesen zu optimieren. Oder Sie versuchen Ihren Beitrag auf der Einnahmenseite zu erhöhen, indem Sie die Entwicklungszeiten verkürzen und die Frequenz der Markteinführung neuer Produkte erhöhen. In beiden Fällen müssen Sie zwei Dinge gut kennen:

① die augenblickliche Höhe der Kosten, die Sie reduzieren wollen, oder den derzeitigen Stand der Einnahmen, die Sie erhöhen wollen; und
② die erhöhte Wertschöpfung, die Sie in Aussicht stellen, einmal durch Reduzierung der laufenden Kosten, die durch Ausschaltung negativer Faktoren erreicht wird, zum anderen durch positive Faktoren, die Sie zusätzlich zu den Einnahmen und Erträgen addieren können.

Chart 2: Wie Projekte genehmigt werden

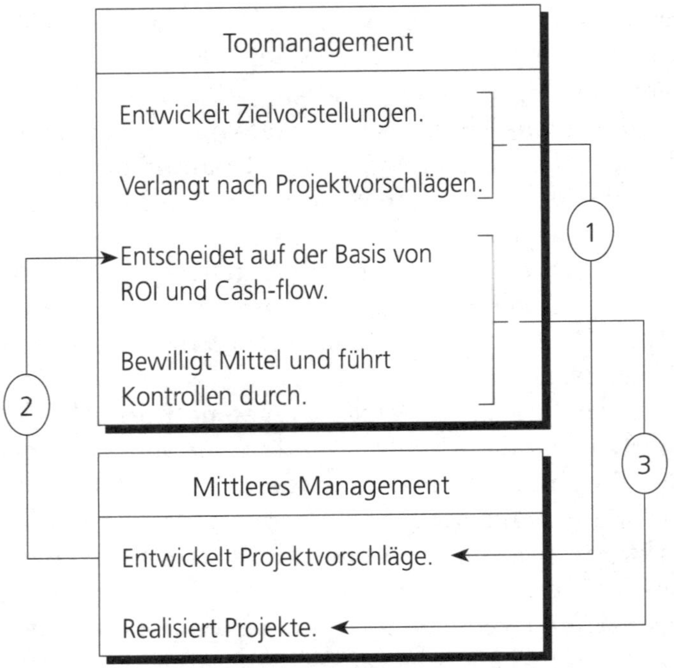

Chart 2 zeigt, wie ein Projekt normalerweise genehmigt wird. Den Inhalt kann man verkürzt folgendermaßen zusammenfassen: *Das mittlere Management macht Vorschläge, das Topmanagement entscheidet.* Die Aufgabe des Topmanagements ist es, Ziele für das Unternehmen zu entwickeln. Ist die Richtung erst einmal bestimmt, ist das mittlere Management gefordert, das Topmanagement darin zu unterstützen, dorthin zu gelangen.

In Chart 2 steht Pfeil 1 für die Aufforderung des Topmanagements, Projekte vorzuschlagen. Die Reaktion des mittleren Managements darauf wird durch Pfeil 2 repräsentiert, er steht für die Anträge, die wieder nach oben gelangen. Wenn das Topmanagement seine Zustimmung gibt, werden die Mittel zugewiesen. Die Durchführung wird durch Pfeil 3 dargestellt.

Sie werden Partner des Topmanagements bei der Gewinnmaximierung

Das Ziel der Nutzung von Strategien des Consultative Selling ist es, Sie zu befähigen, ein gleichberechtigter Partner des Topmanagements zu werden. Eine gewinnversprechende Partnerschaft mit der Geschäftsleitung eröffnet sich Ihnen sofort, wenn Sie Ihre Ziele bei der Forderung nach Mitteln mit denen des Managements bei der Bewilligung in Übereinstimmung bringen. Gemeinsame Ziele sind die Grundmauern einer Partnerschaft. Sie sind das Wesentliche einer auf beiderseitigen Gewinn ausgerichteten Partnerschaft.

Die Partnerschaft mit der Geschäftsleitung bedeutet, daß Sie den Part des Beraters übernehmen und daß die Topmanager Ihre Klienten sind. Ohne deren Mittel sind Sie nicht in der Lage, zu arbeiten. Aber ohne Ihre Fähigkeiten, die Mittel des Topmanagements durch Investitionen in gewinnbringende Projekte zu vermehren, ist das Topmanagement auch nicht in der Lage, den Geldautomaten richtig zu verwalten. Wenn das Topmanagement kein Geld schöpft und nicht noch mehr Geld aus dem schon erarbeiteten Geld schöpfen kann, so liegt ein eindeutiges Mißmanagement an der Unternehmensspitze vor.

Ihre Aufgabe als Berater ist es, dem Topmanagement zu zeigen, wo die besten Anlagemöglichkeiten sind. Diese Tätigkeit ist kontinuierlich, da das Management auf eine

fortwährende Gewinnsteigerung angewiesen ist, um wettbewerbsfähig zu bleiben. Das heißt, daß von Ihnen erwartet wird, daß Sie dem Management interessante Investitionsmöglichkeiten vorlegen können, und zwar nicht vierteljährlich, halbjährlich oder jährlich, sondern in ununterbrochener Folge. Zeiten, in denen gar keine Projekte beantragt werden, sind für beide Seiten unbefriedigend, genau wie nicht verwertbare Projekte, die ausgemustert werden, oder Projekte, die auf halbem Wege gestoppt werden müssen, um überarbeitet oder ausgelagert zu werden.
Eine hohe Produktivität, eine Vielzahl von gewinnversprechenden Ideen ist der Schlüssel zu einer guten Partnerschaft. Das gleiche gilt für die Qualität eines jeden Vorschlags, denn Investitionen, die abgeschrieben werden müssen oder den berechneten Ertrag nicht einbringen, können nicht so leicht, wenn überhaupt, ersetzt werden.
Das Topmanagement fordert von Ihnen einen unendlichen Nachschub von Was-wäre-wenn-Vorschlägen, damit sich der Anteil Ihrer Arbeit bei der Gewinnmaximierung bemerkbar macht. Zum Beispiel: »Was wäre, wenn wir einer Investition von 1 Million Dollar einen Ertrag von 1,5 Millionen Dollar nach vierundzwanzig Monaten gegenüberstellen könnten?«
Als Berater sind Sie der Was-wäre-wenn-Partner des Topmanagements. Das Topmanagement ist im Umkehrschluß Ihr Wie-soll-das-gehen-Partner. Das Topmanagement möchte wissen, wie Sie Ihren Beitrag zu den Gewinnen bewerkstelligen wollen und ob Ihre Erwartungen und Ihre Zeitplanung realistisch sind. Das würde die Vorgaben des »Wieviel« und des »Wie schnell« erfüllen, und das Topmanagement kann mit einer gewissen Sicherheit weitere Planungen machen. Von diesem Punkt an konzentriert sich alles auf die Minimierung absehbarer Risiken, um das »Wie sicher« maximieren zu können.

Das Management erwartet von Ihnen eine paradox anmutende Mischung aus finanzieller Risikobereitschaft in der Formulierung bewilligungsfähiger Vorschläge auf der einen und ein konservatives Verhalten bei der Bewahrung der Vermögenswerte und dem Rückfluß der zur Verfügung gestellten Mittel auf der anderen Seite. Ein seriöses Finanzgebaren macht Sie zu einem sicheren Partner. Die Risikobereitschaft in der Ausarbeitung von Projekten macht Sie zu einem produktiven Gegenüber.
Wie das bei Partnern so üblich ist, werden Sie an der Kontinuität, mit der Sie Ihren Beitrag zur Partnerschaft erbringen, gemessen. Sie müssen immer damit rechnen, auf die Frage »Was haben Sie eigentlich in letzter Zeit für mich getan?« antworten zu müssen; denn das Management legt beim Geldmachen nie eine Pause ein.

2 Wertzuwachs statt Kosten

Das Vermögen eines Unternehmens besteht aus einer Summe von in Dollar ausdrückbaren Werten. Nur so setzt sich das Vermögen eines Unternehmens zusammen. Ein Dollar besteht aus hundert Cents. Nur so setzt sich ein Dollar zusammen. Es gibt keine Maßeinheit für »mehr Geld« oder »viel Geld«, ebensowenig wie für den Zeitraum »bald«.
Werte sind nur dann von Bedeutung, wenn sie in Zahlen ausgedrückt werden können, Dollarwerte eben, die leicht berechenbar sind. Dollars, die durch eine Verminderung oder Vermeidung von Kosten eingespart werden, sind knallharte Dollars. Sie sammeln sich, einer nach dem anderen, bis das Ziel erreicht ist. Andere Werte sind »weicher«, so zum Beispiel Dollars, die vielleicht durch mögliche neue Vertragsabschlüsse verdient werden können. Das Geld, das mit einer Investition verdient werden kann, ist nie hundertprozentig sicher. Der Wertzuwachs, der durch Kostendämpfungen geschaffen wird, ist wesentlich leichter quantifizierbar.
»Weichen« Werten wird nur ein geringes Maß an Vertrauen entgegengebracht, weil sie nicht quantifizierbar sind. Sie haben einen bestimmten Wert, und darin werden die meisten Manager übereinstimmen, jedoch kann keiner exakt bestimmen, wie hoch die Wertschöpfung sein wird und wann Sie eintreten wird. Weiche Werte haben einen Mangel an Sicherheit. Darum können Sie bei Investitionen nicht so sehr überzeugen.

Verbesserungen durch die Flexibilisierung von Arbeitsprozessen werden beispielsweise den weichen Werten zugeordnet. Ebenso die schnelle Anpassungsfähigkeit an veränderte Marktbedingungen. Solange diese Werte nicht in harten Zahlen ausgedrückt werden können, so lange werden dafür keine Mittel freigesetzt.
Die Zufriedenheit der Kunden ist ein weiterer »weicher Wert«. Der Wertzuwachs, den ein Vorschlag einbringt, durch den die Zufriedenheit der Kunden erhöht wird, ist nicht auszumachen – außer Sie sind in der Lage, jedem einzelnen Prozent an gesteigerter Kundenzufriedenheit einen bestimmten Umsatzzuwachs zuzuordnen.Genausowenig ist der Vorschlag, die Produktivität zu steigern, bewertbar, wenn Sie nicht in der Lage sein sollten, jedem einzelnen Prozent an reduzierten Produktionskosten den aus diesem Grunde gestiegenen Verkaufsertrag oder die aus diesem Grunde gesenkten Kosten zuzuordnen. Entweder die Produktionsleistung der einzelnen Arbeiter muß höher werden, oder der Arbeitsaufwand muß bei gleichem Output gesenkt werden.
Wenn Sie sich um Mittel für eine Steigerung der Produktivität bemühen, ohne mit »harten« Zahlen aufwarten zu können, müssen Sie von seiten der Geschäftsleitung mit folgenden oder ähnlichen Fragen rechnen:

- Um wieviel wird die Produktivität sich erhöhen? Und wenn das nicht ausreicht, um Arbeitsplätze wegzurationalisieren, sollten wir uns dann überhaupt mit so einem Kleinkram aufhalten?
- Wie hoch ist die Menge der zusätzlich erstellten Produkte? Und können wir sie überhaupt absetzen?
- Um wieviel werden die Verkaufserträge sich erhöhen? Und in welchem Verhältnis stehen die erhöhten Erträge zur notwendigen Investition?

In Chart 3 wird die Meßbarkeit einzelner Arbeitsschritte einander gegenübergestellt. Sie finden den Begriff »Produktivitätszuwachs« beispielsweise in der rechten Spalte, bei den »weicheren« Werten, die schwerer zu quantifizieren sind. Die Arbeitsprozesse, die in der linken Spalte aufgeführt sind, sind eher in harten Zahlen darstellbar und darum für Ihre Vorschläge die bessere Wahl.

Argumentieren Sie mit Wertzuwächsen

Das Schaffen von Wertzuwachs durch die Maximierung der Gewinne und die zahlenmäßige Darstellung dieses Wertzuwachses sind die beiden entscheidenden Punkte, wenn Sie ein Projekt durchsetzen wollen. Wenn Sie den Wert Ihrer Arbeit nicht einschätzen können, werden Sie nicht in der Lage sein, langfristig voraussagbare Leistungen zu erbringen. Ohne eine klare Linie in der Projektplanung werden Sie Ihre Zuverlässigkeit als »Geldmacher« nicht unter Beweis stellen können.
Zwei Regeln können helfen, Ihre Zuverlässigkeit zu demonstrieren:

① Quantifizieren Sie den Wertzuwachs, den Sie einbringen wollen.
② Schlagen Sie nur meßbare Verbesserungen vor. Alle Ihre Vorhaben müssen sich in Zahlen ausdrücken lassen.

Eine nichtquantifizierbare Wertsteigerung ist wertlos. Sie hat kein Gewicht bei der Vergabe von Mitteln. Wenn Sie ihren »Wert« nicht zahlenmäßig darstellen können, kann das Management nicht erkennen, ob eine Investition günstig ist. Eine aussagekräftige Zahl ist an dieser Stelle mehr wert als tausend Worte.

Chart 3: Gegenüberstellung der Meßbarkeit von Werten.

Leicht meßbare	Schwer meßbare
• Zeitraum bis zur Einführung neuer Produkte	• Zeitersparnis
• Zeitaufwand und Kosten der Produktentwicklung	• Qualitätssteigerung
• Genauigkeit der Prognose im Vergleich zu den derzeitigen Ergebnissen	• Produktivitätszuwachs
• Lagerhaltungskosten	• Leistungssteigerung
• Genauigkeit der Prozeßplanung, in bezug zu den derzeitigen Ergebnissen	• Motivationssteigerung
• Zeitraum zwischen Rechnungslegung und Zahlung	• Verbesserung der Kommunikationsstrukturen
• Zeit bis zum Auftragseingang	• Informationszuwachs
• Ausstehende Forderungen	• Grad der Zufriedenheit
• Schrott- und Ausschußmenge	
• Ausfallzeiten	
• Zeiträume zwischen den Ausfallzeiten	
• Liefergeschwindigkeit	
• Lagerumschlagsgeschwindigkeit im Handel	

Topmanager schätzen sehr zurückhaltend. Bei der Einschätzung Ihres Beitrags zur Wertsteigerung wird sich das Topmanagement sicherlich auf der sicheren Seite bewegen und Ihren voraussichtlichen Beitrag zur Wertschöpfung eher geringer und die voraussichtlichen Kosten, die Sie verursachen, eher höher bewerten. Um Zweifel aus dem Weg zu räumen, handelt das Topmanagement nach folgendem Leitsatz: Unterschätze die Gewinne, und überschätze die dafür aufzuwendenden Kosten. Ist die Erwartung des Managements an Ihren Beitrag zur Wertsteigerung aber erst einmal heruntergefahren, wird sich auch der Umfang Ihres Etats vermindern.

Wie schätze ich den Wert meiner Arbeit ein?

Das vom Topmanagement bevorzugte Budgetierungsmodell ist leistungsbezogen. Die Gewährung Ihrer Mittel hängt dabei mehr von den in Aussicht gestellten Einkünften als von den dazu notwendigen Kosten ab.
Das einzige, was für das Topmanagement zählt, ist die Höhe des ROI. Und weil sich das Topmanagement nun mal für nichts anderes wirklich interessiert, können Sie ihm auch nichts anderes verkaufen. Wenn Sie ein Produktionsmanager sind, was bedeutet schon die Automatisierung von Arbeitsprozessen für das Topmanagement, die Möglichkeit, Aufträge innerhalb eines Tages zu erfüllen, oder die Steigerung der Flexibilität bei der Produktion? Wenn Sie sich mit einer üblichen, kostenorientierten Vorgabe um Mittel bemühen, müßten Sie für die Automatisierung der Produktionsprozesse Kosten in Höhe von 10 Millionen Dollar veranschlagen. Wie kann das Management nun einschätzen, ob es sich dabei um ein gutes oder ein schlechtes Geschäft handelt, wenn Sie nicht beziffern kön-

nen, wieviel wieder ins Unternehmen zurückfließt? Wenn 15 Millionen Dollar zurückfließen sollten, so wird aus jedem Dollar, den das Topmanagement in Automatisierungsprozesse steckt, 1,50 Dollar. Und das bedeutet für das Topmanagement: Mit Automatisierungsprozessen können wir 50 Cent aus jedem Dollar herausschlagen. Wenn keine noch bessere Offerte für eine Investition vorliegt, dann heißt das, daß Automatisierungsprozesse ein gutes Geschäft versprechen.

Wenn Sie Ihrer Budgetforderung den Wert, den Sie zur finanziellen Leistungsfähigkeit des Unternehmens beitragen, zugrunde legen, dann sind Sie gezwungen, wie das Topmanagement zu denken. Wollen Sie Ihr Budget für die Steigerung der Produktivität Ihrer Arbeit einsetzen, versetzen Sie sich in die Situation des Managements, und verweisen Sie auf die Wertsteigerung durch ein größeres Umsatzvolumen, höhere Marktanteile oder mehr Aufträge, die noch am selben Tag vom Eingang bis zur Rechnungserstellung abgeschlossen werden können. Wollen Sie Ihre Mittel zur Verbesserung der Produktionsqualität einsetzen, versetzen Sie sich ebenfalls in die Situation des Managements, und verweisen Sie auf die Wertsteigerung durch höhere Gewinnspannen, weniger Retouren, weniger Ausschuß und geringere Materialkosten.

Wie Sie den Wert Ihrer Arbeit überwachen können

Wenn Sie Ihre Hauptaufgabe darin sehen, das Topmanagement darin zu unterstützen, die Wettbewerbsfähigkeit des Unternehmens zu erhöhen (wobei genau das der Einschätzung Ihrer Arbeit seitens des Managements entspricht), so erhalten Sie Anreize, selbst Ihren Beitrag zur Wertsteigerung zu steuern. Ihr Beitrag zum Cash-flow des

Unternehmens wird zu Ihrem »Produkt«. Wie dieser Beitrag aussieht, ob Sie das Lager verwalten, neue Produkte entwickeln, akquirieren oder Bereichsvertretungen aufbauen, ist nicht relevant. Das einzige, was zählt, ist der Beitrag zum Cash-flow des Unternehmens, der unter dem Strich dabei herauskommt.

Ob Sie in der Lage sind, den sich daraus ergebenden Wert Ihrer Arbeit zu überwachen, ist Ihre Bewährungsprobe als Manager. Diese Überwachung ist eine akribische Fleißarbeit. Sie müssen dabei die Qualität im Auge behalten und voraussehen, welche Kosten durch eine Qualitätssteigerung anfallen werden. Natürlich trägt die Qualität zur Wertsteigerung bei, jedoch nur beides zusammen, Qualität und die dafür zu veranschlagenden Kosten, haben die Aussagekraft, um den Wert Ihrer Arbeit einschätzen zu können. Genauso verhält es sich mit der Produktivität und dem Aufwand, der nötig ist, um sie zu erhöhen. Zudem müssen Sie die Verbindung zwischen Qualität und Produktivität im Auge behalten. Ein Zuviel an Einsatz auf der einen Seite kann eine Verminderung des Beitrags zur Wertsteigerung auf der anderen Seite verursachen.

Ihre Fähigkeit, Werte zu schaffen, macht Sie zum Partner des Topmanagements. Aber nur wenn Sie den Wert Ihrer Arbeit, wie oben beschrieben, planen und in Zahlen darstellen können, wird man das Vertrauen in Sie setzen, das die Grundlage für eine gleichberechtigte Partnerschaft ist. Man wird Sie nicht nur als einen Kandidaten betrachten, der um Mittel buhlt, sondern diese auch bewilligen. Wenn das Topmanagement zu der Überzeugung gelangt, daß Ihre Beständigkeit als Wertschöpfer nicht berechenbar ist, wird die Partnerschaft uninteressant. Kaufmännisches Handeln basiert auf Berechenbarkeit.

Wertüberwachung während der Produktentwicklung

Der »beste Gegenwert« spricht für sich selbst: Investitionen sollen nur in dem Umfang bewilligt werden, daß es durch eine kontinuierliche Weiterentwicklung der Wettbewerbsfähigkeit möglich wird, den Markt mit zufriedenen Kunden zu beherrschen. Investitionen jenseits der Schwelle zum »besten Gegenwert« führen eher zu einer Kosten- als zu einer Wertsteigerung.
Wie die Kurve des »besten Gegenwerts« in Chart 4 verdeutlicht, sind üblicherweise die ersten zwanzig Prozent einer Investition für achtzig Prozent des eventuellen Erfolges ausschlaggebend. Sobald der Punkt des »besten Gegenwerts« erreicht ist, sollten weitere Investitionen eher an anderer Stelle plaziert werden.
Darum sollten Investitionen nie unter Maximierungsgesichtspunkten getätigt werden, sondern nur der Optimierung dienen, um mit dem »besten Gegenwert« zu produzieren. An folgende Regel sollte man sich erinnern, wenn ein neuer Investitionskreislauf in Gang gesetzt werden soll: Es geht nicht um die Höhe der Investitionen, die nötig sind, um eine technische Überlegenheit zu gewährleisten, es geht darum, möglichst wenig auszugeben und trotzdem der Konkurrenz voraus zu sein. Die folgenden Fragen sollen Ihnen dabei helfen.

- Wie gering kann die Qualitätssteigerung bei meiner Produktplanung ausfallen?
- Wie gering kann die Zeiteinsparung bei meiner Auftragsabwicklung ausfallen?
- Wie gering kann die Einsparung durch die Verminderung von Schrott bei meinen Arbeitsprozessen ausfallen?
- Wie gering kann der Aufwand für eine verbesserte Marktsegmentierung meiner Werbestrategie ausfallen?

Chart 4: Die Kurve des »besten Gegenwertes«

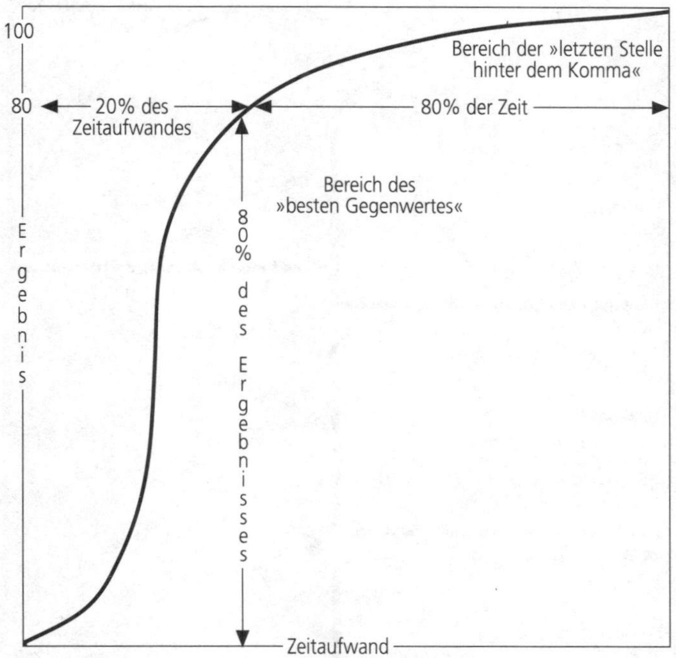

Dadurch, daß die Frage nach dem »Wie niedrig« in den Vordergrund gestellt wird und nicht die nach dem »Wieviel«, und dadurch, daß Steigerungen in den Vordergrund gestellt werden und nicht Fortschritte in gigantischen Dimensionen, können Sie zusätzliche Kosten in einer Größenordnung vermeiden, die in keinem Verhältnis zu der entstandenen Wertsteigerung steht. Der entscheidende Punkt ist, zu wissen, daß es einen Unterschied gibt zwischen dem, was technisch machbar ist, und dem, was am effizientesten ist – in aller Kürze: der Unterschied zwischen dem, was schön ist, und dem, was notwendig ist.

Chart 5: Der Produktlebenszyklus

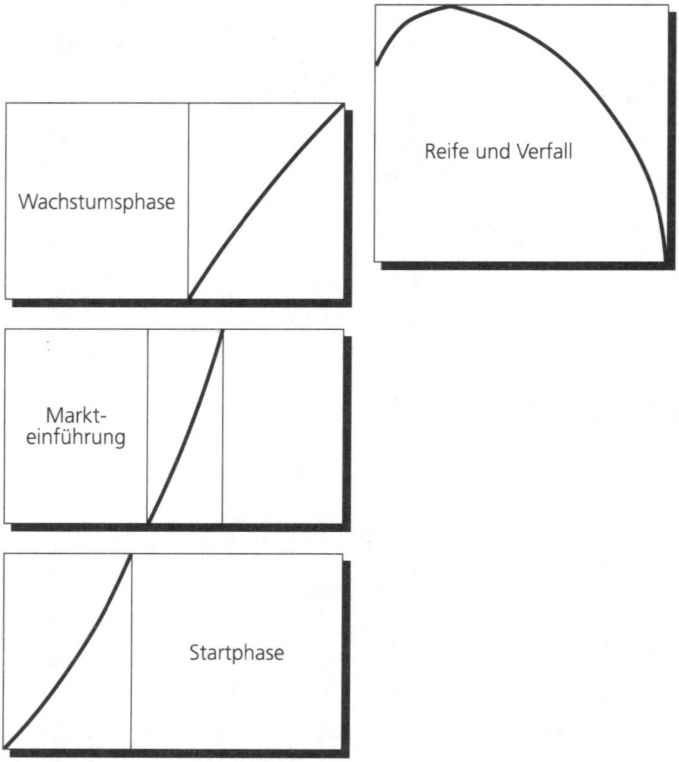

Wertüberwachung während des Produktlebenszyklus

Die Möglichkeiten, zur Wertschöpfung beizutragen, verändern sich im Laufe des Lebenszyklus eines Produktes, einer Dienstleistung, eines Produktionsprozesses oder eines ganzen Unternehmens.
Chart 5 zeigt das klassische Vierstufenmodell eines Pro-

duktlebenszyklus. Ihre Möglichkeiten, zur Wertsteigerung beizutragen, sind den jeweiligen Stufen des Zyklus angepaßt.

Möglichkeiten der Wertsteigerung bei der Startphase

- Planen Sie eine rechtzeitige, vorgezogene oder preiswertere Markteinführung.
- Überprüfen Sie die Zuverlässigkeit des Produktes, um Garantieleistungen oder Rückrufaktionen zu vermeiden.
- Planen Sie die Lagerbestände, um Lieferengpässe oder Lagerüberschüsse zu vermeiden.

Möglichkeiten der Wertsteigerung bei der Markteinführung

- Vereinheitlichen Sie umfangreiche Arbeitsprozesse.
- Verbessern Sie Auftragsabwicklung und Versand.
- Kümmern Sie sich um Faktorierung und Inkasso.
- Versuchen Sie, möglichst schnell den Break-even-Punkt zu erreichen.

Möglichkeiten der Wertsteigerung während der Wachstumsphase

- Erhöhen Sie das Verkaufsvolumen.
- Schaffen Sie eine komplette Produktfamilie.
- Testen Sie Möglichkeiten der Markteinführung neuer Produkte.
- Führen Sie ein Totat-Quality-Management ein.
- Kontrollieren Sie die variablen Kosten.
- Gewährleisten Sie einen kontinuierlichen Cash-flow.

Möglichkeiten der Wertsteigerung während der Reifephase

- Kontrollieren Sie die variablen Kosten.
- Erhöhen Sie den Marktanteil.
- Bieten Sie eine Zusatzleistung, damit sich Ihr Produkt von anderen abhebt.
- Erhöhen Sie die Produktivität.
- Senken Sie die Vertriebskosten.

Alle gewinnsteigernden Projekte, die Sie während des Lebenszyklus eines Produktes durchführen wollen, sollten sich an diesen Vorgaben orientieren, damit jeder einzelne Vorschlag mit den Unternehmenszielen übereinstimmt. Allgemein formuliert bedeutet das, daß Sie sich mit vier Schritten das Wohlwollen des Managements sichern können: Die Markteinführung muß so schnell wie möglich auf die Produktentwicklung folgen, die Zeit von der Produkteinführung bis zur Wachstumsphase darf nicht zu lang sein, das Wachstum muß daraufhin, zur Maximierung der Gewinne in kürzester Zeit, angekurbelt werden, und dieses Wachstum gilt es soweit wie möglich in die Reifephase hineinreichen zu lassen, um den Verfall möglichst lange hinauszuzögern.

Wertschöpfung durch interne Dienstleistungen

Die Manager der Abteilungen EDV, Personal oder Verkaufstraining müssen sich um die Belange und Finanzen der anderen Manager, die ihre internen Auftraggeber sind, genauso kümmern wie um ihre eigenen Bedürfnisse. Betriebsinterne Dienstleistungen werden nach dem Grad der Unterstützung bewertet, den sie anderen Abteilungen bei deren Beitrag zur Gewinnmaximierung gewähren können. Die Fähigkeit eines internen Beraters, sich als »Wertsteigerer« zu bewähren, hängt vom Wissen um die Probleme der internen Auftraggeber ab. Wo müssen Erträge erhöht werden, wo Kosten gedämpft? Wo ist es sinnvoll, gewinnsteigernde Vorschläge zu machen, und wie kann bei der Durchführung geholfen werden? Auf diese Art und Weise können Manager in der EDV-Abteilung, dem Personalwesen oder beim Verkaufstraining ihren internen Auftraggebern helfen, sich der jeweiligen Unternehmensstrategie anzupassen.

Mit den Unternehmensstrategien übereinzustimmen bedeutet, dort aktiv zu werden, wo das Topmanagement das Kerngeschäft sieht und die hierzu notwendigen Kernfähigkeiten fördert. Wenn das Management zu der Überzeugung gekommen ist, daß der eine oder andere Markt zu erschließen oder eine bestimmte Fähigkeit notwendig ist, um im Wettbewerb zu bestehen, so wird dadurch die Unternehmensstrategie festgelegt. Das ist für Sie ein Hinweis auf den Bereich, in dem Mittel für gewinnsteigernde Vorschläge mit hoher Wahrscheinlichkeit bewilligt werden.

Wenn das Topmanagement seine Prioritätenliste mit den Märkten vorgelegt hat, von denen es in jedem Jahresgeschäftsbericht und zum wiederholten Male sagt, daß es in ihnen vertreten sein müsse, genauso wie die Grundvoraussetzungen, die erfüllt werden müssen, um diese Geschäfte zu fördern, so haben Sie schon wichtige Hinweise erhalten, um gewinnversprechende Projekte ins Visier zu nehmen.

Finanzspezifische Kennzahlen

Sie können Hinweise auf vielversprechende Maßnahmen zur Gewinnsteigerung im Hinblick auf die finanzielle Leistungsfähigkeit eines Unternehmensbereichs anhand von vier Indikatoren ausmachen.

① *Der Umsatz.*
Kann der Umsatz durch ein Projekt, das Sie vorschlagen wollen, erhöht werden? Der Umsatz errechnet sich aus der Summe aller Verkaufserlöse. Sie können mit Ihrem Projekt die Gewinnbeiträge verbessern, wenn Sie damit die Zeit bis zur Markteinführung verkürzen, die Geschwindigkeit der Produktentwicklung erhöhen, die Prognosen genauer machen, die Absatzwege ausweiten und verbessern oder die Fakturierung und das Inkasso beschleunigen.

② *Das Betriebsergebnis.*
Kann es durch ein Projekt, das Sie vorschlagen wollen, erhöht werden? Das Betriebsergebnis ist das Ergebnis vor Steuern, also das Ergebnis nach Abzug aller Betriebskosten vom Rohertrag. Sie können mit Ihrem Projekt die Gewinnbeiträge verbessern, wenn Sie damit Mittel, die zur Deckung der Betriebskosten vorgesehen waren, in den Verkauf umverteilen können, um dort mehr Power zu entwickeln.

③ *Die Betriebskosten.*
Können diese durch ein Projekt, das Sie vorschlagen wollen, gemindert werden? Die Betriebskosten ergeben sich aus der Summe aller Vertriebskosten zuzüglich der Verwaltungskosten und der in der Forschung und Entwicklung entstehenden Kosten. Sie können mit Ihrem Projekt

die Gewinnbeiträge verbessern, wenn Sie damit in irgendeinem dieser Bereiche die Kosten senken.

④ *Die Absatzkosten.*
Können diese durch ein Projekt, das Sie vorschlagen wollen, gesenkt werden? Sie können mit Ihrem Projekt die Gewinnbeiträge verbessern, wenn Sie damit die Produktivität Ihres Vertreterstabs erhöhen, den Absatzzyklus straffen, den Vertrieb verbessern oder ausweiten, neue Märkte erschließen oder neue Verkaufsstrategien entwickeln.

Betriebliche Kennzahlen

Sie können Hinweise auf vielversprechende Maßnahmen zur Gewinnsteigerung bei den betrieblichen Leistungen eines Unternehmensbereichs anhand von vier Indikatoren ausmachen.

① *Der Rohertrag* (Gewinnspanne).
Kann dieser durch ein Projekt, das Sie vorschlagen wollen, erhöht werden? Der Bruttoertrag wird bestimmt durch die Differenz der Umsatzerlöse zum Materialaufwand. Sie können mit Ihrem Projekt die Gewinnbeiträge verbessern, wenn Sie damit das Verkaufsvolumen erhöhen, die Marktanteile vergrößern, den Absatzzyklus und den Innovationszyklus bei der Produktentwicklung beschleunigen, den Vertrieb verbessern oder ausweiten oder die Herstellungskosten senken.

② *Der Gewinn.*
Kann dieser durch ein Projekt, das Sie vorschlagen wollen, erhöht werden? Aus dem Gewinn ergibt sich die Umsatzrendite – das Verhältnis zwischen Gewinn und Nettover-

kaufserlösen. Es ist der Prozentsatz, der von jedem Dollar aus den Verkaufserlösen nach Abzug der Steuern verbleibt. Sie können mit Ihrem Projekt die Gewinnbeiträge verbessern, wenn Sie damit die Gewinnspanne erhöhen, die Absatzkosten verringern oder die Angebotspalette überarbeiten und mehr Wert auf Produkte oder Dienstleistungen mit hohen Margen legen.

③ *Die Produktivität.*
Kann sie durch ein Projekt, das Sie vorschlagen wollen, erhöht werden? Die Produktivität ergibt sich aus dem Umsatz pro Mitarbeiter. Sie können mit Ihrem Projekt die Gewinnbeiträge verbessern, wenn Sie damit den Arbeitsaufwand verringern, den Grad der Automatisierung erhöhen, die Weiterbildung der Arbeitskräfte und die Einführung leistungsbezogener Zulagen unterstützen.

④ *Die Verkaufseffizienz.*
Kann sie durch ein Projekt, das Sie vorschlagen wollen, erhöht werden? Die Verkaufseffizienz setzt sich aus fünf Umsatzkennzahlen zusammen. Sie können mit Ihrem Projekt die Gewinnbeiträge verbessern, wenn Sie einen der nachfolgenden Punkte verbessern können:

- Vertriebskosten : Verkaufserlöse,
- Vorräte : Verkaufserlöse,
- Auftragsrückstände : Verkaufserlöse,
- Aufträge, die am selben Tag ausgeführt werden : Verkaufserlöse,
- Forderungen : Verkaufserlöse.

Kennzahlen für eine effektivere Nutzung des Working Capital

Sie können Hinweise auf vielversprechende Maßnahmen zur Gewinnverbesserung finden, wenn Sie sich zwei das Working Capital betreffende Kennzahlen näher ansehen.

① *Der Lagerumschlag.*
Kann dieser durch ein Projekt, das Sie vorschlagen wollen, erhöht werden? Der Lagerumschlag errechnet sich aus dem Verhältnis des jährlichen Umsatzes zu den Lagerbeständen. Sie können mit Ihrem Projekt die Gewinnbeiträge verbessern, wenn so die Lagerbestände verringert werden können. Jede Senkung der Lagerbestände führt automatisch zu einer Verbesserung der finanziellen Situation.

② *Der Forderungsumschlag.*
Kann er durch ein Projekt, das Sie vorschlagen wollen, erhöht werden? Der Forderungsumschlag errechnet sich aus dem Verhältnis des Umsatzes zu dem durchschnittlichen Bestand an Kundenforderungen. Sie können mit Ihrem Projekt die Gewinnbeiträge verbessern, wenn Sie einen schnelleren Rückfluß dieser Forderungen gewährleisten können. Jede beglichene Forderung bedeutet eine Verbesserung der finanziellen Situation.

Die magische Zahl Eins

Wenn Sie durch eine Investition in Ihre Arbeit einen finanziellen Nutzen in Aussicht stellen wollen, dann müssen Sie nicht mit Siebenmeilenstiefeln die Perfektion eines auf Finanzfragen spezialisierten Managers erlangen. Selbst kleine finanzielle Fortschritte erfordern einen langen Vorlauf. Beginnen Sie die Arbeit zu Ihren Beiträgen immer auf dem niedrigsten Level der möglichen Verbesserungen, mit einem Fortschritt auf Basis der »magischen Zahl Eins«. Machen Sie sich die Bedeutung dieses Schrittes bewußt. Wenn er im Bereich des »besten Gegenwertes« zu finden ist, dann werden Sie mit Ihrer Arbeit einen kontinuierlichen Beitrag zur Maximierung der Unternehmensgewinne leisten – und dies mit dem geringsten Risiko.

Ein Prozent scheint nicht viel herzumachen – setzt man aber ein Geschäftsvolumen von sechs Milliarden Dollar voraus, so macht ein Prozent Kostensenkung bereits 60 Millionen Dollar pro Jahr aus, zustande gekommen durch Einsparungen bei den Absatzkosten, durch niedrigere Vertriebs- und Verwaltungskosten und aufgrund der Kostenkontrolle während der Produktentwicklung. Nur ein Cent Kostendämpfung pro Sitz und Flugmeile bei einer Fluggesellschaft ergibt 600 Millionen Dollar mehr im Jahr. Jede Minute pro Flug, die beim Bodenkontakt des Flugzeugs eingespart wird, kann ein Plus von 45 Millionen bei den jährlichen Einnahmen bedeuten.

In jeder Branche bedeutet auch nur ein Prozent Zuwachs eine Wertsteigerung. In vielen produzierenden Unternehmen machen die Kosten, um eine bestimmte Produktqualität zu leisten, 35 Prozent des Umsatzes aus. Was wäre, wenn Sie diese Kosten auf 34 Prozent senken könnten?

Ein Prozent kann unglaubliche Auswirkungen haben, sei es in Form einer zusätzlich verkauften Einheit pro Tag, eines Prozents zusätzlich zu den laufenden Einnahmen oder Gewinnen pro Woche, oder sei es, daß die Kunden einen Tag schneller zahlen. Die Überzeugungskraft der

»magischen Zahl Eins« gereicht auch der Unternehmensleitung zur Zufriedenheit. Das Management kann sich durchaus mit der Idee anfreunden, daß jemand, der für eine ganz alltägliche Arbeit verantwortlich ist, mit Steigerungen um einen Prozentpunkt aufwartet und dabei keinerlei Kosten durch Unterlassungen oder sinnloses Handeln hervorruft, deren Unwägbarkeiten den Unternehmensgewinn zunichte machen könnten. Darüber hinaus wirkt die »magische Zahl Eins« so glaubwürdig, so zuverlässig. Unter diesem Gesichtspunkt drängt sie sich förmlich auf.
Wenn Sie als Manager in der Produktion das Endprodukt nur um ein einziges Bauteil vereinfachen können, werden Sie an zehn Stellen Kosten einsparen:

- bei der Entwicklung,
- beim Zuordnen der Teilenummer.
- bei der Lagerhaltung,
- bei der Buchführung,
- bei der Qualitätskontrolle,
- beim Einbau,
- bei der Reparatur,
- bei der Verpackung,
- beim Verladen,
- bei der Auslieferung.

Wenn Sie ein Verkaufsleiter oder Marketingmanager sind, könnten Sie die Marktchancen des Unternehmens um die »magische Zahl Eins« vergrößern? Wenn Sie nur ein Prozent mehr junge Mütter und Väter von Ihrer Babynahrung überzeugen können, so können Sie dadurch Zuwachsraten in Millionenhöhe erreichen.
Die Charts 6 und 7 veranschaulichen die Möglichkeiten, die sich aus der »Methode der kleinen Schritte« ergeben.

Chart 6: Möglichkeiten, die Einnahmen zu erhöhen

- Erhöhen Sie die Flexibilität.
- Steigern Sie die Produkt- oder Prozeßqualität.
- Vergrößern Sie die Absatzmenge.
- Verbessern Sie die Effektivität des Vertriebs.
- Führen Sie neue Größen, Modelle, Materialien oder neue und verbesserte Produkte ein.
- Reduzieren Sie die Warenrücksendungen oder Beanstandungen der Kunden.
- Wenden Sie kreative Verkaufsstrategien an.
- Straffen Sie den Produktionsvorgang.
- Reduzieren Sie unrentable Produkte oder Vertriebsregionen sowie schlechte Kunden.
- Bauen Sie Ihre Marktposition aus.
- Steigern Sie den Bekanntheitsgrad des Markennamens.
- Berücksichtigen Sie Kundenwünsche.
- Verlängern Sie die Lebensdauer des Produktes.
- Erschließen Sie neue Märkte.
- Finden Sie neue Distributionskanäle.

Chart 7: Möglichkeiten, die Kosten zu senken

Durch niedrigere Beschaffungskosten

- Verringern Sie die Vielfalt der Lagerbestände.
- Benutzen Sie standardisierte Teile.
- Vergleichen Sie die Angebote von Lieferanten nach Qualität, Schnelligkeit und Preis.
- Zentralisieren Sie den Einkauf für wichtige Teile.
- Planen Sie im voraus, um überstürzte Bestellungen zu vermeiden.
- Überprüfen Sie, ob die laufenden Verträge eingehalten werden müssen, wenn Sie neue günstigere Angebote erhalten.
- Prüfen Sie, ob Eigenfertigung oder Fremdbezug günstiger ist.

- Begleichen Sie Ihre Rechnungen schnell, um in den Genuß von Skonti zu kommen.
- Kontrollieren Sie die eingehenden Lieferungen, um Schäden sofort festzustellen und dadurch Kosten zu vermeiden.
- Schaffen Sie Lagerbestände ab, die Sie sowieso kaum brauchen.
- Achten Sie auf wirtschaftliche Produktions- oder Bestellmengen.
- Versuchen Sie Ihren Lieferanten die Versandkosten aufzudrükken.

Durch niedrigere Produktionskosten

- Reduzieren Sie die Arbeitsschritte.
- Verringern Sie die Kosten der einzelnen Arbeitsschritte.
- Versuchen Sie zwei oder mehr Arbeitsschritte zusammenzulegen.
- Automatisieren Sie die Produktion.
- Reduzieren Sie den Arbeitseinsatz.
- Verbessern Sie die Produktionsplanung.
- Verringern Sie die Bearbeitungszeiten, um die Produktion zu beschleunigen.
- Sorgen Sie für geringere Versicherungskosten.
- Reduzieren Sie den Materialverbrauch.
- Recyceln Sie Materialien.
- Nehmen Sie preiswertere Materialien.
- Verringern Sie die Rohstoffbestände.
- Halten Sie weniger Fertigteile am Lager.
- Verbessern Sie die Kontrolle.
- Vereinfachen Sie das Design von Produkt und Verpackung.

Durch geringere Ausfallzeiten

- Benutzen Sie standardisierte Teile.
- Vergleichen Sie die Angebote von Lieferanten nach Qualität, Schnelligkeit und Preis.
- Planen Sie im voraus.
- Verbessern Sie die interne Logistik.

- Kontrollieren Sie die eingehenden Lieferungen, um Schäden sofort festzustellen.
- Lassen Sie Wartungs- und Instandhaltungsarbeiten regelmäßig durchführen.
- Schulen Sie die Mitarbeiter.
- Sorgen Sie für wirtschaftlichere Produktions- oder Bestellzeitpunkte.
- Verbessern Sie die Kommunikation zwischen Marketing und Produktion, um eine bessere Abstimmung zu erreichen.

Durch niedrigere Frachtkosten

- Lassen Sie eine zentrale Stelle alle Verhandlungen mit den Speditionen führen.
- Planen Sie im voraus, um überstürzte Bestellungen zu vermeiden.
- Optimieren Sie die Tourenplanung.
- Richten Sie feste »Lieferstunden« ein.
- Vermeiden Sie, daß Materialien von einem Lagerplatz zum anderen umgeräumt werden.
- Veranlassen Sie eine effektivere Nutzung der Lkws – lohnt sich der Kauf eines Lkws, oder ist Mieten preiswerter?
- Reorganisieren Sie Ihr Lager.
- Denken Sie darüber nach, ob Sie Produkte oder Verpackungen nicht leichter machen können, um durch geringeres Gewicht Frachtkosten zu sparen.
- Verringern Sie die Ladekosten.
- Reduzieren Sie die Versicherungskosten.

Durch niedrigere Verwaltungskosten

- Verringern Sie die Vielfalt der Lagerbestände.
- Benutzen Sie standardisierte Teile.
- Planen Sie im voraus, um überstürzte Bestellungen zu vermeiden.

- Bestellen Sie mehrere Teile gleichzeitig.
- Sorgen Sie für wirtschaftliche Produktions- oder Bestellzeitpunkte.
- Versuchen Sie den Lieferanten die Versandkosten aufzudrükken.
- Kontrollieren Sie, ob bestimmte Teile wirklich am Lager sein müssen.
- Machen Sie Inventur, wenn die Lagerbestände niedrig sind.
- Legen Sie zwei oder mehr Arbeitsschritte zusammen.
- Verringern Sie die Anzahl der Mitarbeiter.

Eine Stunde pro Tag eingespart oder ein Dollar zusätzlichen Gewinns mit jedem Verkauf bedeuten einen signifikanten Beitrag. Die Verkürzung der Auftragsabwicklung oder der Produktentwicklung um jeweils einen Tag erwirtschaftet mehr Geld als fast jede andere Maßnahme, die vergleichbar wenig kostet.
Genauso kann man den Gegenwert einer zusätzlichen Produktionsstunde als Zuwachs innerhalb des Verkaufszyklus anführen, die nur um ein Hundertstel gewachsene Gewinnspanne pro verkauftes Produkt oder die um ein Prozent höheren Marktanteile.
Man sollte sich daran gewöhnen, sich von Zeit zu Zeit zwei Fragen, die die eigene Arbeit betreffen, vor Augen zu führen:

① Wo oder wie können wir in der Größenordnung eines Prozentpunktes die Erwartungen des Managements, die Kostendämpfung betreffend, erfüllen?
② Wo oder wie können wir in der Größenordnung eines Prozentpunktes die Erwartungen des Managements, die Erträge betreffend, erfüllen?

Beginnen sollte man damit, seine Arbeit nach den Maximen der »magischen Zahl Eins« zu gestalten. Dabei ist es wichtig, sich auf reduzierbare und vermeidbare Kosten zu konzentrieren. Achten Sie auch auf kleinere Verbesserungen, die leicht übersehen werden können und dann in der Schublade verschwinden.
Nehmen Sie die Herausforderung an, den besten Gegenwert zu schaffen. Können Sie das dadurch erreichen, daß Sie einen der Prozesse, die achtzig Prozent Ihrer Arbeit ausmachen und nicht viel zur Wertsteigerung beitragen, herunterfahren oder ganz abschaffen? Oder dadurch, daß Sie sich auf einen der Prozesse konzentrieren, die zwanzig Prozent Ihrer Arbeit ausmachen und, da sie einen hohen Wertzuwachs garantieren, entscheidend sind.
Wenn Sie eine betriebsinterne Dienstleistung anbieten, sollten Sie versuchen, möglichst präsent zu sein und sich auf folgende Art und Weise »anzubieten«:

- Fragen Sie Ihren Ansprechpartner in der Abteilung Forschung und Entwicklung: Was wäre, wenn sich der Entwicklungszeitraum zwischen zwei neuen Produkten um nur ein Prozent verringerte? Um wieviel würde das seine Arbeit aufwerten?
- Fragen Sie Ihren Ansprechpartner in der Produktion: Was wäre, wenn sich die Laufzeit vom Auftragseingang bis zum Versand um nur ein Prozent verkürzte? Um wieviel würde das seine Arbeit aufwerten?

Denken Sie über andere Möglichkeiten nach, die mit Hilfe der »magischen Zahl Eins« zu einer Wertsteigerung führen können. Helfen Sie dabei, die Zinsen für aufgenommene Kredite zu reduzieren, kleinere Produktionsmengen effektiver herzustellen, die Rentabilitätsanalyse eines

Produktes genauer und schneller durchzuführen, oder optimieren Sie das Verhältnis von geleasten zu eigenen Anlagen.
Um jede Gelegenheit daraufhin zu untersuchen, ob Sie in das Konzept der »magischen Zahl Eins« paßt, bieten sich Ihnen drei immer zutreffende Regeln an: Wieviel macht die Wertsteigerung aus, die durch einen Vorschlag erzielt werden kann? Wie schnell zahlt sich dieser Vorschlag in barer Münze aus? Wie riskant ist es, diesen Vorschlag zu verwirklichen?

Übernehmen Sie die Verantwortung für den Wert Ihrer Arbeit

Die Arbeiten, von denen Sie meinen, daß Sie sie dauerhaft gut beherrschen, sollten Sie als Ihr Kapital betrachten. Wenn Sie zum Beispiel ein Lagerverwalter sind, der die Praktiken des Just-in-time-Managements hervorragend beherrscht, dann verfügen Sie über für das Unternehmen wertvolle Fähigkeiten. Deren Wert hängt für das Management von folgenden Faktoren ab:

- Die Kosten für die Lagerverwaltung können gesenkt werden.
- Die Kosten für Versicherung, Sicherheitsmaßnahmen und Lagerhaltung können gesenkt werden.
- Direkte Kosten, die durch eine Inanspruchnahme gebundener Mittel entstehen, können gesenkt werden.
- Opportunitätskosten durch gebundenes Kapital können gesenkt werden.

Wenn Sie die Techniken des Computer-aided Design (CAD) beherrschen, dann verfügen Sie über für das Unternehmen wertvolle Fähigkeiten. Und zwar aus folgenden Gründen:

- Die Kosten für die Entwicklung und Gestaltung neuer Produkte können gesenkt werden.
- Die Entwicklungszeit kann verkürzt werden, so daß die Entwicklungsingenieure die jeweiligen Projekte schneller abschließen und so schneller in nachfolgende Projekte einsteigen können.
- Die Zeit von der Produktidee bis zur Markteinführung kann verkürzt werden.

Weil das Produkt schneller fertig ist, kann es auch früher verkauft werden. Sie bekommen das investierte Geld schneller zurück.
Die leistungsorientierte Vorgehensweise, sich die notwendigen Mittel zu besorgen, bedeutet für Sie, daß Sie den Wert Ihrer Arbeitsleistung vorherbestimmen müssen, bevor Sie die Möglichkeit haben, über Ihr Budget zu verfügen. Sie müssen dabei nicht nur in der Lage sein, aufzuführen, was letztendlich bei dem Projekt herauskommt, sondern Sie müssen während der gesamten Laufzeit des Projektes jederzeit nachweisen können, daß alles richtig läuft. Es gilt, unter Beweis zu stellen, daß »alles klargeht« mit dem Geld, das das Management investiert hat, um nachher mehr davon zu erhalten. Aus diesem Grund müssen Sie in der Lage sein, die zu erwartenden Ergebnisse Ihrer Arbeit periodisch, über die wahrscheinliche Laufzeit des Projektes verteilt, für jeden Meilenstein vorherzusagen. Wenn seitens des Topmanagements die Frage gestellt wird, ob alles nach Plan verläuft, dann wollen sie wissen, ob die Einnahmen aus Ihrem Projekt mit dem »Wieviel« und dem »Wie schnell«, das Sie in Aussicht gestellt haben, übereinstimmen. Solange Sie guten

Gewissens ja sagen können, wird man Sie in Ruhe lassen.
Die Häufigkeit, mit der Sie Ihre Leistungsüberprüfungen durchführen müssen, hängt von der Laufzeit ab, innerhalb deren sich die Investition des Managements amortisiert haben muß. Für ein Projekt mit einer dreimonatigen Amortisationsdauer sollte eine wöchentliche Leistungsüberprüfung angesetzt werden. Eine monatliche Überprüfung bietet sich für ein Projekt an, das über zwölf Monate läuft. Für alle Projekte gilt, daß zu Beginn regelmäßige Überprüfungen durchgeführt werden müssen, um zu gewährleisten, daß sie planmäßig anlaufen. Und um sich vor unliebsamen Überraschungen zu schützen, sollten ebenso gegen Ende der Laufzeit regelmäßige Kontrollen durchgeführt werden. Damit kann man sicherstellen, daß alle Erwartungen, die man an das Projekt stellt, auch erfüllt werden können.
Ein fortlaufendes Überprüfungsverfahren bietet Ihnen die Möglichkeit, einschätzen zu können, welches Projekt wieviel zur Wertsteigerung beitragen kann. Damit schaffen Sie sich eine Bewertungsgrundlage für ähnliche Projekte. Sie erhalten ebenso Informationen darüber, wie schnell sich Ihr Kapital vermehrt, wie schnell sich eine Verringerung des Arbeitsumfanges in niedrigeren Kosten ausdrücken kann und wie schnell sich der Marktanteil durch ein verbessertes Lagermanagement oder eine schnellere Produkteinführung erhöht.
Was ein Projekt am Ende tatsächlich abwirft, ist Ihr Ausgangspunkt für das nächste Projekt, um auch dann wieder für eine kontinuierliche Verbesserung der Arbeit zu sorgen. Wieviel können Sie jedesmal zur Wertsteigerung beitragen? In welchem Bereich? Mit welcher Kapitalverzinsung?
Es gibt drei Quellen für die Wertsteigerung, aus denen Sie

auch in Zukunft Zuwächse für erneute Wertsteigerungen schöpfen können. Bei der einen handelt es sich um *restaurative Investitionen,* dabei werden Probleme innerhalb Ihres Arbeitsfeldes oder des Arbeitsfeldes einer anderen Person aus dem Weg geschafft oder unnötige Kosten, die sich mit der Zeit eingeschlichen haben, vermieden. Bei der zweiten handelt es sich um *präventive Investitionen,* was heißt, daß Sie ein spezielles Problem möglichst früh lösen, um damit einem Wettbewerbsnachteil vorzubeugen. Bei der dritten handelt es sich um *innovative Investitionen,* bei denen es hauptsächlich auf Ihre Kreativität beim Ausfindigmachen von Möglichkeiten zur Kostendämpfung und zur Gewinnsteigerung ankommt.

Das Topmanagement ist offen für alle drei Möglichkeiten der Wertschöpfung, bei Tag und bei Nacht. Sie müssen nur verdeutlichen, wie jeder Dollar, den das Topmanagement investiert hat, sich durch Ihre Leistung auszahlt.

II

Die Finanzierung eines Projektes

Neue Wege und Möglichkeiten

3 Grundsätze der Wertschöpfung und hilfreiche Entscheidungskriterien

Wer Geschäfte macht, wird sehr schnell erfahren, daß keines dem anderen gleicht. Egal, was die Lehrbücher sagen oder was Sie in der Praxis kennengelernt haben, jedes Geschäft verläuft nach seinen eigenen Regeln. Doch alle Topmanager nutzen die gleichen Entscheidungskriterien, um finanzierungswürdige Projekte auszuwählen, und stimmen in zwei Punkten, nach denen Sie die Gewinnaussichten eines Projektes beurteilen, überein:

- Jeder Topmanager wird darauf achten, daß ein Projekt die Rückflüsse aus der Investition beschleunigt.
- Jeder Topmanager wird darauf achten, wie hoch der Deckungsbeitrag eines Projektes ist und wie hoch der ROI ausfallen wird.

Kapitalumschlag, Deckungsbeitrag und Return on Investment zeigen, ob sich eine Investition lohnt oder nicht. Ob Sie eine Partnerschaft mit der Chefetage in die Wege leiten können, hängt davon ab, was Sie in bezug auf Kapitalumschlag, Deckungsbeitrag und ROI vorzuzeigen haben.

Das Einmaleins des »Geldmachens«

Das Management läßt sich bei der Entscheidung, ob und in welcher Höhe Mittel bewilligt werden, von zwei Prinzipien leiten:

① Kapital in Bewegung erzeugt einen Kapitalzuwachs. Kapital, das brachliegt, verursacht Opportunitätskosten. Das ist das Prinzip des Kapitalflusses.
② Kapital erzeugt um so mehr Kapital, je häufiger es umgeschlagen wird; dies erklärt das zweite Prinzip, das Prinzip des Kapitalumschlags.

Das Prinzip des Kapitalflusses

Das Topmanagement verfolgt mit der Finanzierung von Projekten das Ziel, mehr Geld durch in Umlauf gebrachtes Kapital zu erzeugen. Dabei fließt das Kapital durch drei Bereiche, wobei es in jedem dieser Bereiche zur Wertschöpfung kommt.

① Flüssige Mittel fließen zuerst in die Warenbestände.
② Die Bestände werden zu Forderungen.
③ Diese Forderungen werden wiederum zu flüssigen Mitteln, womit ein Umsatzkapitalkreislauf abgeschlossen ist.

Das im Fluß befindliche Kapital macht das Umlaufvermögen eines Unternehmens aus. Das Geldmachen fängt an, sobald Kapital für die Anhäufung von Beständen freigesetzt wird. Mit jedem Kauf, mit jeder Verarbeitung von Rohstoffen werden Bestände geschaffen. Ein anderer Begriff für Produktionsplanung wäre also »Bestandsschöpfung«. Produktionsprozesse erhöhen den Wert der

Chart 8: Der Zyklus des Umlaufvermögens

a)

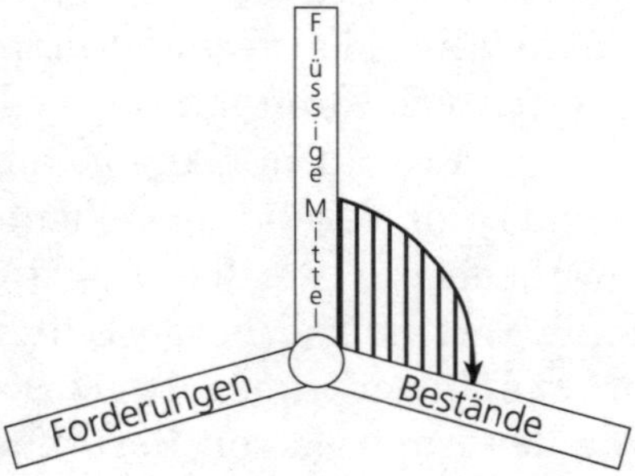

b)

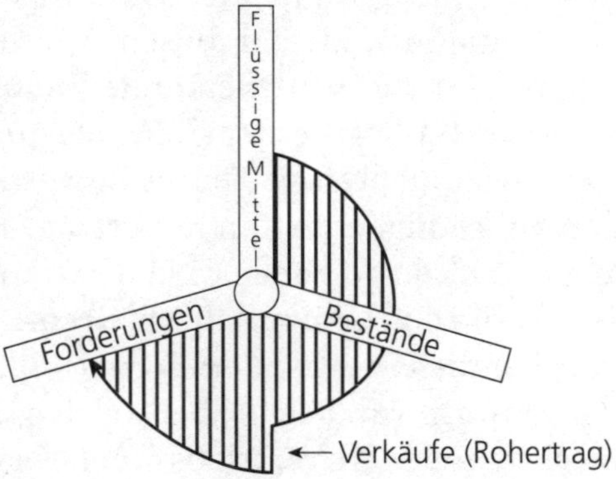

c)

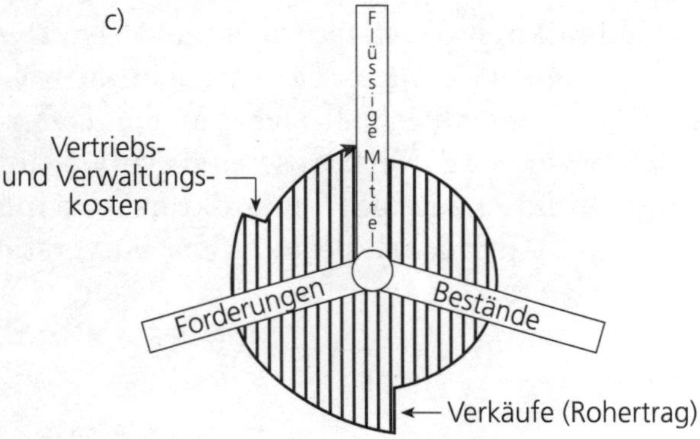

Bestände – das gilt in gleicher Weise für alle anderen Bereiche eines Unternehmens, die Vermögen in Produkte oder Dienstleistungen umwandeln.
Chart 8 zeigt, wie Gewinne sich vermehren, wenn Kapital zirkuliert. Bei a) stellt sich Kapital in Form von flüssigen Mitteln dar. Wenn ein Projekt in Gang gekommen ist, so wird das ursprünglich zur Verfügung stehende Kapital in Bestände umgewandelt, es werden Rohstoffe gekauft, Arbeiten verrichtet, Fertigwaren hergestellt und vom Produktionsstandort zum Lager transportiert.
Die Umwandlung des Kapitals von Beständen in Forderungen vollzieht sich, wenn der Verkauf einsetzt, wie unter Punkt b) dargestellt. Bei diesem Vorgang wird das Kapitalvolumen größer, weil Bestände anhand der Herstellkosten bewertet werden und Forderungen anhand des erzielten Verkaufspreises. Dieser Zuwachs entspricht dem aus den Verkäufen erzielten Rohertrag. Je größer der Rohertrag ausfällt, desto höher wird der Kapitalzuwachs in jeder Runde, die das Umlaufkapital dreht.
Unter c) werden die eingehenden Forderungen wieder in flüssige Mittel umgewandelt. Dabei werden die im Laufe des Zyklus entstandenen Vertriebs- und Verwaltungskosten abgezogen.
Nun ist ein Umlaufkapitalkreislauf abgeschlossen. Dieser Vorgang hat zu einem Zuwachs der flüssigen Mittel geführt. Dieser Zuwachs errechnet sich aus der Differenz zwischen Rohertrag und Vertriebs- und Verwaltungskosten. Je größer die Anzahl der Umlaufkreisläufe innerhalb eines Geschäftsjahres ist, desto größer ist verständlicherweise der Gewinn.

Das Prinzip des Kapitalumschlags

Ein Kapitalkreislauf macht nur dann Sinn, wenn er in einem Zeitbezug steht. Je schneller, desto profitabler. Wenn Ihre gewinnbringenden Projekte nicht darauf ausgerichtet sein sollten, das in Ihrem Unternehmen gebundene Kapital möglichst schnell zu vermehren, werden Ihre Budgets in Zukunft nicht gesichert sein. Sie sollten besonders auf das in Form von Warenbeständen gebundene Kapital achten.

Es liegt im Wesen des Kapitalumschlags, daß er ein großes Potential für Gewinnerhöhungen bietet. Üblich ist es, den Kapitalumschlag durch ein vergrößertes Umsatzvolumen und niedrigere Aufwendungen für die Produktion zu erhöhen. Niedrigere Aufwendungen für die Produktion sind dabei gleichbedeutend mit einem verminderten Umlaufkapital. Es ist in manchen Situationen auch möglich, den Kapitalumschlag durch vermehrte Investitionen in die Produktionsmittel zu steigern.

Wie in Chart 9 verdeutlicht, ist es das Umsatzvolumen, das den Kapitalfluß auf Trab bringt. Die Kapitalumschlagrate läßt an genau dem Punkt die höchsten Gewinne erwarten, an dem sich die Beziehung zwischen Umsatzvolumen auf der einen und Kapitaleinsatz, der nötig ist, um das Umsatzvolumen zu erzielen, auf der anderen Seite die Waage halten.

In Chart 9 entspricht der Umfang des Kreises, der die Verkäufe repräsentiert, einem Wert von 200 000 Dollar für einen Geschäftszeitraum von zwölf Monaten. Der größere Kreis, der das Umsatzvolumen darstellt, treibt den kleineren Kreis, der dem Umlaufkapital entspricht, an. Der Umfang dieses kleineren Kreises entspricht einem Wert von 100 000 Dollar, gebunden in Maschinen und Anlagen. Dieser kleine Kreis, der das Umlaufvermögen darstellt,

Chart 9: Der Kapitalumschlag

Basisbeziehung

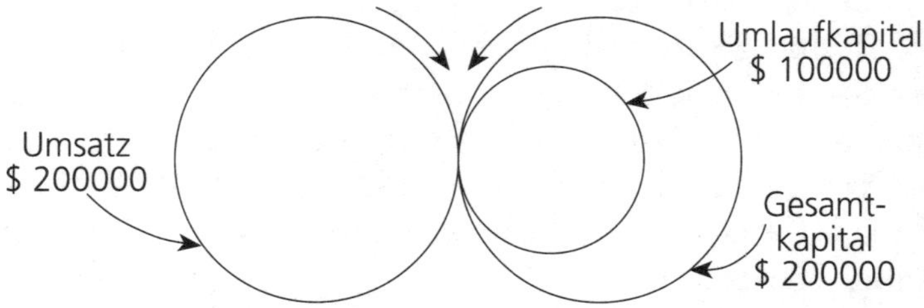

Kapitalumschlagsrate → Gesamtkapital 100%, Umlaufkapital 200%

Strategie A: Umsatzsteigerung

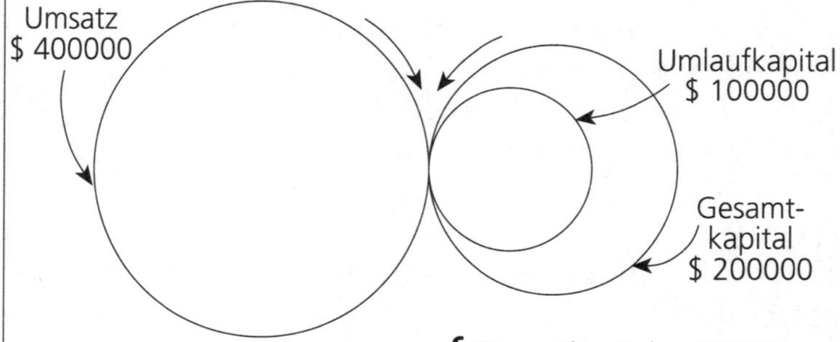

Kapitalumschlagsrate → Gesamtkapital 200%, Umlaufkapital 400%

Strategie B: Kapitalminderung

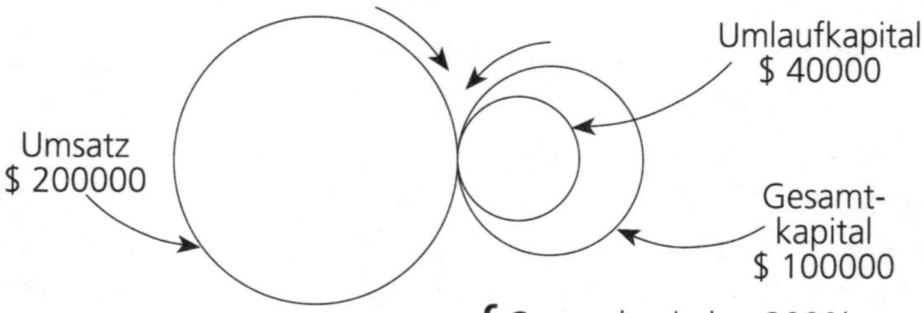

Kapitalumschlagsrate → Gesamtkapital 200%, Umlaufkapital 500%

wird umschlossen von einem größeren, ebenso angetrieben vom Umsatzvolumen, der neben dem Umlaufvermögen im Wert von 100 000 Dollar zusätzlich 100 000 Dollar enthält, die durch feste Anlagen wie Gebäude, Grundstükke, Anlagen und Maschinen gebunden sind. Rechnet man beide Werte zusammen, ergibt sich das gesamte eingesetzte Kapital. Der Umfang des Kreises, der das Gesamtkapital darstellt, entspricht einem Wert von 200 000 Dollar – der gleichen Summe wie beim Kreis für das Umsatzvolumen. Wenn sich der Wert der jährlichen Verkäufe auf 200 000 Dollar beläuft und das gesamte Kapital ebenfalls 200 000 Dollar beträgt, dann ergibt sich im Bezug zu den investierten Mitteln eine Kapitalumschlagsrate von hundert Prozent, das entspricht einem Durchlauf pro Jahr. Der Anteil des Umlaufvermögens im Wert von 100 000 Dollar ergibt im Bezug zu den investierten Mitteln eine Kapitalumschlagsrate von zweihundert Prozent oder einen zweimaligen Durchlauf pro Jahr.
Alle Komponenten des Umlaufvermögens – flüssige Mittel, Forderungen und Lagerbestände – haben ihre eigene Kapitalumschlagsrate. Die Lagerumschlagsrate wird durch das Vielfache eines Monatsbedarfs bestimmt. Die Lagerbestände von sechs Monaten zum Beispiel entsprechen zwei Durchläufen pro Jahr oder einer zweihundertprozentigen jährlichen Umschlagsrate. Die Umschlagsrate der Forderungen errechnet sich aus den Tagen, die vergehen, bis offene Rechnungsposten beglichen werden. Neunzig Tage entsprechen vier Durchläufen pro Jahr, somit vierhundert Prozent.
Es stehen Ihnen zwei Strategien zur Verfügung, um den Kapitalumschlag zu verbessern. Strategie A setzt eine Erhöhung des Verkaufsvolumens voraus. Strategie B setzt eine Verminderung des Umlaufvermögens voraus. In Chart 9 ist die Möglichkeit dargestellt, das Umsatzvolu-

men auf 400 000 Dollar pro Jahr zu verdoppeln, ohne die 200 000 Dollar an insgesamt eingesetztem Kapital zu verändern. Das war Strategie A. Die Umschlagsrate des Gesamtkapitals wächst somit von hundert auf zweihundert Prozent. Zur gleichen Zeit erhöht sich die Umschlagsrate des Umlaufvermögens von zwei- auf vierhundert Prozent.

Sollte es Ihnen nicht gelingen, das Umsatzvolumen zu steigern, so bietet Ihnen Strategie B eine alternative Möglichkeit, die Kapitalumschlagsrate zu verbessern. Auch wenn das jährliche Verkaufsvolumen bei 200 000 Dollar bleibt, kann der Kapitalumschlag gesteigert werden, wenn das eingesetzte Kapital von 200 000 auf 100 000 Dollar reduziert wird. Das beinhaltet eine gleichzeitig ablaufende Reduzierung des Umlaufvermögens von 100 000 auf 40 000 Dollar. Die Reduzierungen lassen zwei Umschlagsraten ansteigen: Die des Gesamtkapitals wächst von hundert auf zweihundert Prozent, die des Umlaufvermögens wächst von zwei- auf fünfhundert Prozent.

Der Gewinnzuwachs, der durch die Strategien A und B erwirtschaftet wird, errechnet sich aus der Multiplikation des Anstiegs der Mittel, die bei jedem Umlauf des Kapitalkreislaufes entstehen, mit der Anzahl der Durchläufe pro Jahr. Wenn der Betriebsgewinn eines Durchlaufs, wie in der im Chart 9 zu sehenden Basisbeziehung 50 000 Dollar ausmacht, so verdoppelt sich der Gewinn nach Strategie A auf 100 000 Dollar. Bei Strategie B verbleibt der Gewinn bei 50 000 Dollar, aber gebundene Mittel in Höhe von 100 000 Dollar können frei gemacht werden und stehen für neue Geschäfte zur Verfügung oder können zur Tilgung von Verbindlichkeiten genutzt werden.

Die Forderungen aus Lieferungen und Leistungen und die Bestände an Fertigwaren sind in jedem Unternehmen die

beiden Hauptbestandteile des Umlaufvermögens. Das Umlaufvermögen ist schneller in Cash umzusetzen als das Anlagevermögen. Alles, was Sie tun, um die Umschlaggeschwindigkeit der an Forderungen oder Bestände gebundenen Vermögenswerte zu erhöhen, trägt zum »Geldmachen« bei. Wenn Sie zulassen, daß diese Vermögenswerte sich anstauen – im Falle von Verkaufseinbußen, Lagerüberschüssen oder einer schlechten Zahlungsmoral der Kunden –, tragen Sie dazu bei, Geld zu verlieren.
Jeder Tag, an dem Sie es schaffen, die Eingänge noch ausstehender Forderungen zu beschleunigen, läßt das Konto wachsen. Jeder zusätzliche Bestandsumschlag erhöht die Gewinne ebenfalls.

Auswahlkriterien für Projekte, mit denen Sie den Unternehmensgewinn erhöhen können

Jedesmal wenn Sie einen Vorschlag für ein gewinnmaximierendes Projekt machen, werden Ihre Topmanager diesen auf vier Kriterien hin abklopfen:

① Wie hoch ist der Cash-flow, den das Projekt generieren kann, wenn die zurechenbaren Ausgaben von den Einnahmen abgezogen werden?
② Wie lange wird es dauern, bis der Cash-flow ein positives Vorzeichen hat, nach welcher Zeit wird die Investition in das Projekt zurückgezahlt sein?
③ Wie hoch ist das Risiko in bezug auf die Höhe des Cashflow, den das Projekt verspricht, und den Zeitpunkt, zu dem der Cash-flow positiv werden soll? Sollte der Fall eintreten, daß der vorherbestimmte Cash-flow nicht zu erreichen ist, wie hoch wären die Kosten dieses Scheiterns anzusetzen, wie schnell könnten die Investitio-

nen dann gestoppt werden, wie der Verlust begrenzt und das Projekt fallengelassen werden?
④ Wie hoch sind die Opportunitätskosten, wenn die Investition nicht getätigt oder das Projekt aufgeschoben wird?

Ein Projekt, das genug Pluspunkte gesammelt hat, um eines zweiten Blickes für würdig befunden zu werden, wird den nächsten drei Prüfungen unterzogen, die sicherstellen sollen, daß der Cash-flow maximiert werden kann, daß die Zeit, bis der Cash-flow ein positives Vorzeichen erhält, minimiert werden kann, ebenso wie das Risiko und die Opportunitätskosten:

① Das Management analysiert, wie hoch der Deckungsbeitrag des Projektes ist.
② Es berechnet den Return on Investment.
③ Es ermittelt den Kapitalwert des Projektes.

So bestimmen Sie den Deckungsbeitrag

Die Bestimmung des Deckungsbeitrages ist eine Variante der Cash-flow-Analyse. Bei einer Cash-flow-Analyse werden alle Einkünfte der Verkäufe innerhalb eines Projektes summiert und die für die Produktion oder die Dienstleistung notwendigen Aufwendungen abgezogen. Beim Dekkungsbeitrag wird die Spanne berechnet, die durch die Verkäufe abgedeckt wird. Der aus den Verkäufen zugrunde gelegte Cash-flow wird um die variablen Kosten vermindert, die nötig sind, um diesen Cash-flow zu erwirtschaften.
Wie die Cash-flow-Analyse die Einnahmenseite darstellt, verdeutlicht der Deckungsbeitrag, in welcher Höhe jeder eingenommene Dollar zur Deckung der Kosten beiträgt.

Erst wenn die Fixkosten eines Projektes gedeckt sind, überschreiten die Investitionen den Break-even-Punkt, und aus Einnahmen werden echte Gewinne.
Wenn der Deckungsbeitrag eines Projektes sich auf 0,095 Prozent beläuft, bedeutet das, daß jeder Dollar Umsatz 9,5 Cent zur Deckung der Fixkosten beiträgt. Wenn oft genug 9,5 Cent zusammengekommen sind, wird der Break-even-Punkt überschritten. Um den Deckungsbeitrag zu erhöhen, muß das Umsatzvolumen gesteigert werden, oder aber die variablen Kosten müssen im Verhältnis zum derzeitigen Umsatzvolumen reduziert werden.
Projekte mit einem hohen Deckungsbeitrag – vierzig Prozent oder mehr – benötigen nur eine geringe Umsatzsteigerung, um große Gewinne abzuwerfen. Projekte mit niedrigen Deckungsbeiträgen (unter fünfzehn Prozent) verlangen nach sehr hohen Umsatzsteigerungen, wenn es darum geht, die Gewinne zu erhöhen.
In den Charts 10, 11 und 12 wird das System der Deckungsbeiträge dreimal auf unterschiedliche Weise verdeutlicht.
In Chart 12 werden die Deckungsbeiträge von drei Produktgruppen berechnet. Produktgruppe A leistet einen hohen Deckungsbeitrag und erscheint als gewinnträchtiges Projekt, das eine Steigerung der Verkaufszahlen bewirken kann. Produktgruppe B erfordert eine Senkung der variablen Kosten.

So bestimmen Sie den ROI

Wenn man das durchschnittlich erzielte Einkommen oder die verminderten Aufwendungen eines Projekts mit den Mitteln vergleicht, die nötig waren, um dieses Projekt zu finanzieren, dann ist man in der Lage, die Verzinsung des investierten Kapitals zu berechnen.

Chart 10: Deckungsbeitragsrechnung für das gesamte Unternehmen

Umsatz (50 000 Stück zu 80 Dollar)	$ 4 000 000	100,0 %
Variable Herstellungskosten (bei 50 000 Stück, 10 Dollar pro Einheit)	500 000	12,5
Deckungsbeitrag I	3 500 000	87,5 %
Variable Verkaufs- und Verwaltungskosten (bei 50 000 Stück, 5 Dollar pro Einheit)	250 000	6,25
Deckungsbeitrag II	$ 3 250 000	81,25 %

Chart 11: Deckungsbeiträge nach Geschäftsbereichen

	Gesamt	A	B	C	D
Anzahl der verkauften Produkteinheiten	396 000	32 000	100 000	84 000	180 000
Verkaufspreis pro Produkteinheit	$ 14,80 ∅	$ 15,00	$ 8,00	$ 16,00	$ 18,00
Variable Herstellkosten*	6,06 ∅	9,80	4,90	9,60	4,40
Variable Verkaufs- und Verwaltungskosten	0,57 ∅	1,00	0,18	1,00	0,50
Deckungsbeitrag	$ 8,17 ∅	$ 4,20	$ 2,92	$ 5,40	$ 13,10
Fixe Kosten gesamt	$ 1 726 000				

Anmerkung: ∅ = Durchschnitt aller Geschäftsbereiche.

* Materialien, Lohnkosten und andere variable Kosten

Chart 12: Deckungsbeiträge nach Produktgruppen

		Produktgruppen		
	Gesamt	A	B	C
1. Umsatz	$ 2600,0 100,0 %	$ 1742,0 67,0 %	$ 650,0 25,0 %	$ 208,0 8,0 %
2. Materialaufwand	$ 2106,0 81,0 %	$ 1440,0 82,7 %	$ 520,0 80,0 %	$ 146,0 70,0 %
3. Rohertrag (1 – 2)	$ 494,0 19,0 %	$ 302,0 17,3 %	$ 130,0 20,0 %	$ 62,0 30,0 %
4. Löhne und Gehälter	$ 221,0 8,5 %	$ 134,0 7,7 %	$ 65,0 10,0 %	$ 22,0 10,5 %
5. Sonstige Aufwendungen	$ 26,0 1,0 %	$ 10,0 0,6 %	$ 13,0 1,9 %	$ 3,0 1,5 %
6. Gesamt (4 + 5)	$ 247,0 9,5 %	$ 144,0 8,3 %	$ 78,0 11,9 %	$ 25,0 12,0 %
7. Deckungsbeitrag (3 – 6)	$ 247,0 9,5 %	$ 158,0 9,0 %	$ 52,0 8,1 %	$ 37,0 18,0 %

Es gibt zwei Strategien, um einen möglichst hohen ROI zu erhalten. Die eine besteht darin, das Umsatzvolumen zu erhöhen, um den Kapitalumschlag anzukurbeln, da, wie oben beschrieben, jede Runde, die das Kapital dreht, auch Zuwachs bedeutet. Sollte sich kein Projekt finden, das diese Anforderung erfüllt, so versuchen Sie es mit der zweiten Strategie. Suchen Sie ein Projekt, bei dem es möglich ist, Kosten zu reduzieren oder zu vermeiden. Eine Senkung der Vertriebskosten, der Verwaltungsaufwendungen oder eine Straffung des Vertriebsapparates können einen Beitrag dazu leisten. Kostenverschiebungen mit dem Ziel, hohe Kosten durch niedrigere zu ersetzen, können ebenfalls einen Beitrag leisten. Damit sind Outsourcing,

Fremdbezug von Produkten oder Leasingverträge statt des Kaufs bestimmter Gegenstände gemeint.
Es gibt vier Möglichkeiten, den Return on Investment zu berechnen:

① Als Ertrag pro investiertem Dollar. Am Ende steht eine Zahl als Dollarbetrag, genannt ROI, Return on Investment.
② Als durchschnittliche jährliche Verzinsung in Prozent in bezug zu jedem über die gesamte Laufzeit des Projektes investierten Dollar. Am Ende steht ein Prozentsatz, genannt interner Zinsfuß – die auf ein Projekt bezogene Kapitalverzinsung pro Jahr.
③ Als durchschnittlicher Gewinn während der gesamten Laufzeit eines Projektes nach Abzug der Steuern, geteilt durch den Betrag der geleisteten Investitionen. Am Ende steht ein Prozentsatz, genannt AROR, Accounting Rate of Return.
④ Als Gewinn vor Abzug der Steuern, geteilt durch das in Bestände, Forderungen und die Nettoinvestition gebundene Kapital. Am Ende steht ein Prozentsatz, genannt ROCE, Return on Capital Employed.

Die einzige wirtschaftliche Rechtfertigung für das Topmanagement, in Ihre gewinnsteigernden Projekte zu investieren, ist eine höhere Verzinsung des investierten Kapitals. Eine höhere Verzinsung kann auf zwei Wegen erreicht werden. Einmal durch steigende Einkünfte, zum anderen durch die Vermeidung von Kosten.
Chart 13 veranschaulicht die Bestandteile des ROI anhand des Kapitalumschlags. Wenn Sie ein Projekt vorschlagen, das die ausstehenden Forderungen vermindert, so kann diese Summe bei den Investitionen in das Umlaufvermögen eingespart werden. Dadurch, daß Sie die Sum-

me der erforderlichen Investitionen kürzen, können Sie Gewinne erzielen, ohne daß Sie den Verkaufsumsatz steigern müssen.

Chart 14 macht deutlich, wie man den Gewinn steigern kann. Ein Projekt, das zur Senkung der Vertriebskosten beiträgt, reduziert die Gesamtkosten und führt damit zu einer Vermehrung des Gewinns.

Sie können den ROI entweder durch eine Verringerung des investierten Vermögens oder durch eine Umsatzsteigerung verbessern. Eine einfache Formel, um den ROI für ein Projekt auszurechnen, ist:

$$\frac{\text{zusätzlicher Gewinn}}{\text{zusätzlicher Investitionsbedarf}}$$

So bestimmen Sie den Kapitalwert

Der Kapitalwert eines Projektes gibt Auskunft über den gegenwärtigen Wert der zukünftigen Cash-flows. Auf diese Weise können die Auswirkungen des Zeitfaktors auf das Kapital ausgeblendet werden, die dafür verantwortlich sind, daß ein und derselbe Dollar morgen weniger wert ist als heute.

Ein positiver Kapitalwert gilt allgemein als Kriterium für die Annahme eines Projektes.

Der Kapitalwert des zukünftigen Cash-flows errechnet sich auf folgende Weise: Der zukünftige Cash-flow wird abgezinst, und zwar mit einem Zinssatz, der den Kapitalkosten entspricht. Dabei handelt es sich um den niedrigsten Zinssatz, zu dem das Management bereit ist, eine Investition zu tätigen.

Diesen Zinssatz kann man auch als Grenzwert oder als »Schwellenrate« sehen. Er sagt etwas über das Risiko einer Investition aus. Investitionen mit einem niedrigen

Chart 13: Möglichkeiten zur Erhöhung des Kapitalumschlags

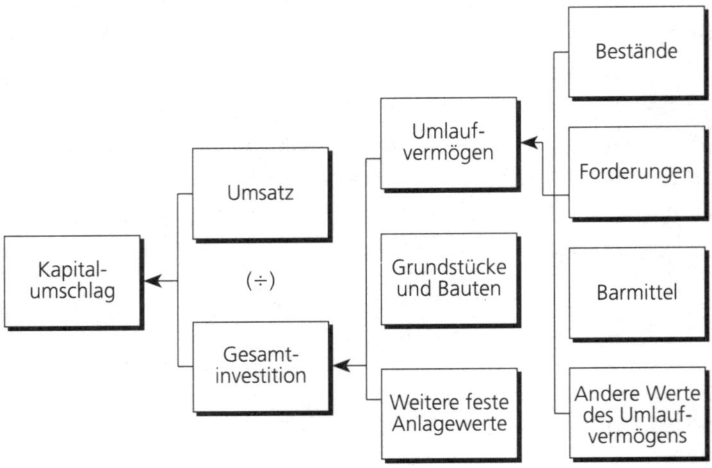

Chart 14: Möglichkeiten zur Verbesserung der Umsatzrentabilität

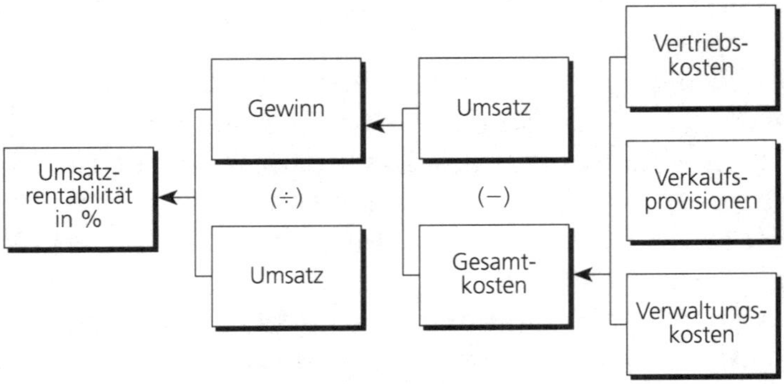

Risiko, wie die Ausweitung der Produktpalette, kommen mit einer »Schwellenrate« von nur zehn Prozent aus. Auf der anderen Seite müssen Investitionen mit einem hohen Risiko, wie zum Beispiel die Einführung neuer Produkte, eine »Schwellenrate« von zwanzig bis dreißig Prozent überwinden. Investitionen mit einem mittleren Risiko liegen irgendwo dazwischen.

Der Kapitalwert wird durch folgende Formel zum Ausdruck gebracht:

Zukünftiger Cash-flow × Diskontierungsfaktor = Kapitalwert.

Der Faktor Zeit verschlingt Kapital ohne Gnade. Wird ein Dollar, der heute 100 Cent wert ist, über die nächsten 24 Monate um zehn Prozent abgezinst, so werden 14 Cent allein durch den Zeitfaktor verschlungen. Aus 100 Cent werden 86 – ein Verlust von annähernd zwanzig Prozent.

Durch die Berechnung des Kapitalwerts eines Projektes können Sie bestimmen, ob es sinnvoller ist, jetzt und hier in das Projekt zu investieren, das Kapital an anderer Stelle arbeiten zu lassen oder das Geld trotz zu erwartender Opportunitätskosten brachliegen zu lassen. Nach den Berechnungsgrundlagen des Kapitalwerts ist eine Investition in Höhe von 50 Millionen Dollar in einen zukünftigen Cash-flow mit einem heutigen Wert von berechneten 59,755 Millionen Dollar eine durchaus akzeptable Investition, da Sie 50 Millionen Dollar für eine Sache bezahlen, die bereits 59,755 Millionen Dollar wert ist. Das bringt Ihnen eine Wertschöpfung von 9,755 Millionen Dollar.

Chart 15 zeigt die Cash-flow-Prognose und das Zeit-Wert-Verhältnis eines typischen Vorschlags für ein neues Pro-

Chart 15: Berechnung des Kapitalwerts

Jahr	Einzahlungen	Auszahlungen	Cash-flow (E-A)	Diskontierungsfaktor (Gegenwartswert eines Dollars bei einem Zinsfuß von 10%)	Bereinigter Cash-flow
0	$ 0	$ (500)	$ (500)	1,000	$ (500)
0 – 1	425	(200)	225	0,952	214
1 – 2	425	(200)	225	0,861	194
2 – 3	350	(200)	150	0,779	117
3 – 4	250	(200)	50	0,705	35
Gesamt	$ 1450	$ (1300)	$ 150		$ 60 Kapitalwert

jekt, in das es sich zu investieren lohnt, wenn als Alternative für das Management bliebe, das Geld mangels einer effektiveren Anlageform zu horten. Zugrunde gelegt wird ein Zinsfuß von zehn Prozent.

Das vorgeschlagene Projekt hat eine Laufzeit von vier Jahren, verursacht im Jahr null Kosten in Höhe von 500 Dollar, und die variablen Kosten belaufen sich auf 200 Dollar pro Jahr. Die Erträge starten auf einem hohen Niveau, sinken dann aber im Lauf der vier Jahre, so daß sich bei einem positiven Cash-flow von netto 150 Dollar während der gesamten Laufzeit ein Wert von total 1450 Dollar – vor Bereinigung durch den Diskontierungsfaktor – ergibt. Wenn die Cash-flow-Prognose an den Zeitfaktor angepaßt ist, und zwar durch die Multiplikation jedes einzelnen jährlichen Cash-flows mit dem voraussichtlichen Zeitwertfaktor für die entsprechenden Perioden, ergibt sich ein Kapitalwert in Höhe von 60 Dollar. Die vorgeschlagene Investition ist ergiebiger, als nichts zu tun, da alle Kosten gedeckt sind, zehn Prozent Kapitalkosten

abgezogen sind und das Projekt einen Ertrag von 60 Dollar verspricht.
Je nach Cash-flow oder Kalkulationszinsfuß wäre es möglich, daß der Kapitalwert, der in diesem Fall 60 Dollar ausmacht, gleich Null wird oder in den negativen Bereich abrutscht. Beläuft sich der Kapitalwert auf null Dollar, so decken die Einnahmen die Kapitalkosten in Höhe von zehn Prozent. Wenn es keine konkurrierenden Projekte gibt und die einzige Alternative wäre, nichts zu tun, so wird auch ein Vorschlag mit einem Kapitalwert von null Dollar akzeptiert, da immerhin die Kapitalkosten gedeckt sind. Wenn der Kapitalwert eines Vorschlags negativ ist, dann ist er ohne Frage nicht akzeptabel, da noch nicht einmal die zehn Prozent Kapitalkosten gedeckt sind.

Wie sich der Entscheidungsprozeß gestaltet

Wie entscheiden Topmanager nun, welches Projekt durchgeführt werden soll? Die folgenden Grundregeln erleichtern den Entscheidungsprozeß:

- Oberstes Ziel ist eine langfristige Vermehrung der Vermögenswerte.
- Das Augenmerk richtet sich auf den Gesamtertrag – die Summe der Erträge – beim Zuwachs der Vermögenswerte.
- Die Betonung liegt auf einem beständigen Zuwachs und der Vermeidung von Risiken.
- Die Kapitalverzinsung muß mindestens so hoch wie die Kapitalkosten sein.
- Im Zweifelsfall ist jede Zuwachs versprechende Investition in Ordnung, bei der der zu erwartende Cash-flow höher ist als die getätigten Investitionen.

- Je weniger Kapital in ein Projekt investiert werden muß, desto besser.
- Das Kapital muß ohne Unterbrechungen arbeiten.

Es ist also gar nicht so schwer, ein gutes Geschäft zu erkennen. Ein gutes Geschäft:

- erhöht den Gewinnbeitrag,
- erhöht den Lagerumschlag,
- erhöht den Kapitalumschlag,
- reduziert, vermeidet oder verschiebt Kosten.

Topmanager suchen nach Vorschlägen, die einen positiven Kapitalwert aufweisen und zugleich ihre selbstauferlegten Limits bei der Vergabe von Mitteln nicht überschreiten. Manche Manager nehmen dabei einen Rentabilitätsindex zu Hilfe. Sie setzen den Kapitalwert eines Projektes in direkten Bezug zu den Investitionen.

$$\frac{\text{Kapitalwert}}{\text{Investition}} = \text{Rentabilitätsindex}$$

Wenn ein Rentabilitätsindex über ein Ja oder Nein bei der Vergabe von Mitteln entscheidet, wird Vorschlägen mit den überzeugendsten Gewinnperspektiven Vorrang gegeben.
Aber auch das wahrscheinliche Risiko spielt eine Rolle. Wenn Projekt A zu riskant erscheint, erhält Projekt B den Zuschlag, auch wenn Projekt A besser ist.
Vorschläge bergen ein unterschiedliches Maß an Risiko, und Manager haben unterschiedliche Bewertungsmaßstäbe für Unsicherheit. Einige Vorschläge sind völlig unkompliziert und mehr oder weniger risikofrei. Ihr Erfolg ist weitestgehend gesichert. Viele Manager geneh-

migen Ohne-Risiko-Vorschläge automatisch, wenn der Kapitalwert der Investition positiv ist.
Zu anderen Zeiten, mit anderen Managern sind diese Projekte nicht »erste Wahl«, und der in Aussicht gestellte Ertrag von zehn Prozent wird von den unsicheren fünfzig Prozent eines Vorschlags mit höherem Risiko in den Schatten gestellt. Gründe hierfür können beispielsweise sein, daß sich das Management genötigt sieht, neue Märkte zu erschließen oder ein allzu biederes Image abzulegen.
Ein Grund für die Bewilligung von mittelmäßigen, aber sicheren Projekten ist die Sorge des Managements darüber, daß das Unternehmen nicht in der Lage sein könnte, den Anforderungen eines herausragenden Projektes zu genügen. Schließlich ist es möglich, daß die vorhandenen Kapazitäten für ein solches Projekt nicht ausreichen.
Topmanager jonglieren perfekt mit Risiko und Erfolg, hin und her gerissen zwischen »Was, wenn wir es machen?«, und »Was, wenn nicht?« Manche Manager denken zuerst an den möglichen Erfolg, erst dann an das Risiko. Manager mit einer solchen auf Erfolg ausgerichteten Geisteshaltung werden gerne zu Akteuren, deren Verhaltensweise am besten mit folgenden Worten ausgedrückt werden kann: »Risiko? Das mag ich, das ist die Sache, mit der man Geld verdienen kann.« Doch für die meisten Manager ist die Eindämmung des Risikos oberstes Gebot.
Topmanager sehen sich selbst in der Rolle eines Verwalters, der das Vertrauen der Aktionäre oder Gesellschafter genießt. Das macht es notwendig, das Risiko in kleine überschaubare Einheiten aufzusplitten und einen konservativen Managementstil zu pflegen, der Sicherheit dem Zufall, langsame, kontinuierliche Steigerungen dem plötzlichen Durchbruch und Beständigkeit der Umtriebigkeit vorzieht. In der Welt des Topmanagements wird die

schnelle Rendite oft der hohen Rendite vorgezogen; kleinere, aber dafür sicherere Beträge können mehr Zustimmung finden als hohe Summen. Opportunitätskosten, die vielleicht irgendwann in Zukunft anfallen, werden eher akzeptiert als niedrigere tatsächliche Kosten, die schon heute zu decken sind.

Topmanager gehen mit dem bereitgestellten Kapital sehr vorsichtig um. Das zeigt sich auch in folgenden Aussagen:

- »Wie würde ich mich mit einer Investition von 100 Millionen Dollar fühlen bei einer Chance von 50 : 50, sie zu verlieren oder 500 Millionen daraus zu machen? Wahrscheinlich würden sowieso nur 200 oder 300 Millionen Dollar dabei herauskommen. Doch wenn es um die Alternative zwischen 500 Millionen oder einer Bauchlandung geht, dann wäre mir schon ein Verhältnis von 50 : 50 zu riskant.«
- »Wenn ich eine Entscheidung mit einem hohen Risiko fällen muß, versuche ich das Risiko aufzuteilen. Wenn sich das Gesamtvolumen auf 150 Millionen Dollar beläuft, mit einer zehnprozentigen Chance, das Geld zu verlieren, und einer Chance von neunzig Prozent, 500 Millionen Dollar zu machen, würde ich 15 Millionen Dollar im ersten Schritt investieren, wenn es sich dabei um eine Technologie handelt, die wir beherrschen und mit der wir arbeiten können. Ich würde nur 5 Millionen Dollar im ersten Schritt riskieren, wenn es sich um eine uns nicht bekannte Technologie handelt, Voraussetzung wäre dann eine ungefähr fünfzehnprozentige Erfolgsaussicht. Nachdem die zweiten 5 Millionen Dollar ausgegeben sind, liegt die Erfolgsaussicht vielleicht schon bei neunzig Prozent. Nun ist es an der Zeit, weitere 25 Millionen Dollar zu investieren. Wenn ein Konkur-

rent nun zur Nummer eins auf dem Markt wird, während wir noch herumexperimentieren, machen wir vielleicht nur einen Umsatz von 100 Millionen Dollar statt der geplanten 500 Millionen Dollar. Doch ein Teil des Kuchens landet auch bei uns. Das Wichtige daran ist, daß wir aus dem Unternehmen kein Glücksspiel gemacht haben.«

- »Ob und in welchem Umfang ich ein Glücksspiel riskiere, hängt von der Summe ab, um die es dabei geht. 25 Millionen Dollar sind eine Sache, 250 Millionen Dollar haben eine andere Dimension. Ich würde eher die niedrigere Summe als die höhere riskieren. Bei einem Verlust von 250 Millionen Dollar wäre jegliche Aussicht auf Gewinne zunichte gemacht.«

4 Wie aus einem Bewilligungsverfahren ein Geschäft wird

Ein Geschäft stellt den Ertrag in den Mittelpunkt, den man mit den Mitteln, die man fordert, erwirtschaften kann. Die besten Chancen, mit dem Topmanagement ein Geschäft zu machen, haben Sie, wenn:

① das Geschäft den Gewinn maximiert,
② die investierten Beträge in einem minimalen Zeitraum zurückfließen,
③ Sie das Management davon überzeugen können, daß Höhe und Zeitpunkt der erwarteten Einnahmen sicher sind.

Es gibt zwei Möglichkeiten, um mit dem Topmanagement ins Geschäft zu kommen: Einnahmenzuwachs oder Kostendämpfung. Bei Projekten, die zu einem Zuwachs der Einnahmen führen, bieten Sie folgendes Geschäft an:

① Die zukünftigen Einnahmen sind größer als die jetzigen Einnahmen.
② Die zukünftigen Einnahmen werfen mehr ab, als für die Investition aufgewandt werden muß.

Bei Projekten, die zur Kostendämpfung beitragen, bieten Sie ein ähnliches Geschäft an:

① Die zukünftigen Kosten sind niedriger als die jetzigen Kosten.
② Die zukünftigen Maßnahmen zur Kostendämpfung werfen mehr ab, als für die Investition aufgewandt werden muß.

Gewinnsteigerung als Konzept

Wenn Sie nun dem Topmanagement Ihr Geschäft vorstellen, könnte sich das folgendermaßen anhören:
»Sie haben ein ganz bestimmtes Geschäftsziel. Ich kann Ihnen dabei helfen, es schneller oder besser zu verwirklichen. So wie es in meinem Bereich zur Zeit aussieht, wird das Erreichen Ihres Ziels hinausgezögert durch unnötige Kosten, die von unserer Seite verursacht werden, oder durch unser Unvermögen, zusätzliche mögliche Einnahmen zu erzielen. Was wäre, wenn wir Ihnen helfen könnten, Ihr Ziel schneller zu verwirklichen, durch einen bestimmten Betrag innerhalb eines bestimmten Zeitraumes, indem wir einige der genannten Kosten einsparen oder die zusätzlich möglichen Einnahmen erzielen?«
Wenn Sie interne Dienstleistungen anbieten, kann Ihr Konzept den Beitrag erhöhen, den Ihre eigene oder die Arbeit anderer zur Zeit zum Erreichen der Geschäftsziele des Topmanagements beisteuert. Als EDV-Manager könnten Sie beispielsweise folgendes sagen:
»Was wäre, wenn Sie Ihr Ziel, in diesem Jahr 500 neue Geschäfte aufzumachen, drei Monate früher realisieren können? Wir ermöglichen das dadurch, daß jedes schon bestehende Geschäft 200 000 Dollar zusätzlich erwirtschaftet. Ungefähr 100 000 Dollar können durch neue computergestützte Kassen eingespart werden. Die anderen 100 000 Dollar werden durch die Vermeidung der

Kosten freigesetzt, die Fehler in der Datenerfassung zur Zeit verursachen.
Wenn es darum geht, die Finanzierung Ihres Projektes durchzusetzen, so ist die Eingangsvoraussetzung – egal, wie das Projekt aussieht – die, daß dieses Projekt im Endeffekt nichts kostet. Der Break-even-Punkt muß auf jeden Fall erreicht werden. Was an Kapital investiert wird, fließt wieder zurück, und die Verzinsung reicht zumindest aus, um die Opportunitätskosten abzudecken. Ihr Projekt muß also auf jeden Fall »kapitalneutral« sein.
»Kapitalneutralität« ist aber noch kein ausreichendes Kriterium. Kein Unternehmen gibt sich damit zufrieden, Kapital freizusetzen, nur um es unverändert zurückzuerhalten. Manager sind »Geldmacher«, keine Wechselstube, die sich damit zufriedengibt, einen Dollar durch einen anderen zu ersetzen. Aber »Kapitalneutralität« ist eine Basis, um zu verstehen, welches Verhältnis Manager zu »ihrem Geld« haben: Keine Kosten sind gute Kosten; Kosten existieren, um vermieden zu werden; keine Kosten sind die schönsten Kosten.
Für jeden Topmanager ist ein eingesparter Penny immer mehr wert als ein verdienter Penny. Denn von dem verdienten Penny müssen erst noch Kosten und Steuern abgezogen werden, bevor man sieht, was man wirklich hat.
Das Geschäft, das sich um die Finanzierung Ihres Projektes dreht, ist in sechs Schritte unterteilt:

① Passen Sie Ihr Projekt an ein strategisches Geschäftsziel an.
② Zeigen Sie mögliche Wettbewerbsnachteile oder eine noch nicht genutzte Gelegenheit für einen Wettbewerbsvorsprung auf.

③ Zeigen Sie, wie ein wettbewerbsfähigeres Ergebnis erreicht werden kann.
④ Stellen Sie die zu erwartenden Einzahlungen und Auszahlungen, die den gesteigerten Cash-flow veranschaulichen, gegenüber, und zeigen Sie die Arbeitsprozesse, die zu diesem Cash-flow beitragen.
⑤ Suchen Sie ein Projektteam aus.
⑥ Bewahren Sie ein partnerschaftliches Verhältnis zur Chefetage.

Teil 1: Passen Sie Ihr Projekt an ein strategisches Geschäftsziel an

Nehmen Sie eine Unternehmensstrategie ins Visier, für die von seiten des Topmanagements schon Mittel bewilligt worden sind. Passen Sie Ihr Projekt den Vorhaben des Managements an, indem Sie sich als derjenige positionieren, der hilft, das Ziel kostengünstiger, schneller und sicherer zu erreichen. Fassen Sie übersichtlich und in Zahlen ausgedrückt zusammen, in welcher Höhe und wie schnell sich der Beitrag Ihres Projektes auf die Steigerung des Wettbewerbsvorteils der strategischen Zielsetzung auswirkt.
Auch wenn Sie für eine interne Dienstleistung verantwortlich sind, können Sie sich einem strategischen Geschäftsziel dadurch anpassen, daß Sie einen Vorschlag für eine effektivere Gestaltung der Arbeit eines anderen Managers machen, wobei diese Arbeit von zentraler Bedeutung für das Erreichen des strategischen Unternehmensziels sein sollte.

Teil 2: Zeigen Sie mögliche Wettbewerbsnachteile oder eine noch nicht genutzte Gelegenheit für einen Wettbewerbsvorsprung auf

Verschaffen Sie sich einen Überblick über die Arbeitsprozesse und den daraus resultierenden Cash-flow. Machen Sie Wettbewerbsnachteile ausfindig, und beziffern Sie diese. Veranschaulichen Sie anhand eines Arbeitsablaufdiagramms das Problem, das den Produktionsablauf stört. Fassen Sie seine Auswirkungen auf den Cash-flow zusammen, in Form von unnötigen Kosten, die sich ansammeln, oder als auf das Problem zurückzuführende, nicht verwirklichte Einnahmen.

Teil 3: Zeigen Sie, wie ein wettbewerbsfähigeres Ergebnis erreicht werden kann

Präsentieren Sie die »Highlights« der unter Teil 4 aufgeführten Cash-flow-Analyse, die Ihre Vorstellungen, wie höhere Gewinne zustande kommen sollen, auf den Punkt bringen:

① den Barwert oder den Kapitalwert der Investition,
② der Betrag, der investiert werden muß,
③ den internen Zinsfuß der Investition,
④ die Rückflußdauer.

Chart 16: Erfolgsrechnung für ein Projekt mit einer Laufzeit von einem Jahr

Durch die Investition zusätzlich entstehende Kosten

1. Kosten für die Anlage oder das System ____________
2. Zuzüglich: Kosten der Installation ____________
3. Zuzüglich: Sonstige Kosten, die für diese Anlage anfallen ____________
4. Abzüglich: Kosten, die aufgrund der Investition nicht mehr anfallen werden, beispielsweise für Reparaturen ____________
5. Abzüglich: Restwert der alten Anlage ____________
6. Gesamtinvestition (Summe 1 – 5) ____________

Erfolgsrechnung

	Ihr Investitionsvorschlag	Situation zur Zeit oder alternativer Investitionsvorschlag	+/– Unterschied
7. Umsatz Abzüglich variabler Verkaufskosten:	____	____	____
8. Lohn und Gehalt (inklusive Sozialleistungen)	____	____	____
9. Materialien	____	____	____
10. Instandhaltung	____	____	____

	Ihr Investitionsvorschlag	Situation zur Zeit oder alternativer Investitionsvorschlag	+/– Unterschied
11. Sonstige variable Kosten	________	________	________
12. Variable Kosten gesamt	________	________	________
13. Deckungsbeitrag (7 + 12)	________	________	________
Abzüglich fixer Kosten:	________	________	________
14. Miete oder Abschreibung der Anlagen	________	________	________
15. Sonstige fixe Kosten	________	________	________
16. Fixe Kosten gesamt	________	________	________
17. Ergebnis vor Steuern	________	________	________

Verzinsung des investierten Kapitals

18. Gesamtinvestitionsvolumen (Position 6 oder die jährlichen Aufwendungen für die Anlage) ______________

19. Ergebnis vor Steuern pro Jahr (Position 17) ______________

20. Verzinsung des investierten Kapitals (Position 19 : 18) ______________ %

Chart 17: Mehrjährige Erfolgsrechnung

Investition	Jahr 0	Jahr 1	Jahr 2	Jahr 3	Jahr 4	Jahr 5
1. Neue Produktionseinrichtungen 2. Jährliche Instandhaltungskosten 3. Installation 4. Herrichtung des Standortes						
5. Gesamtinvestition (Ausgaben)						

Umsatzbeitrag	Jahr 1	Jahr 2	Jahr 3	Jahr 4	Jahr 5
6. Anstieg der Einnahmen 7. Verringerter Anstieg der Vertriebskosten					
8. Nettoeinnahmen (6 – 7)					

Der Beitrag reduzierter Kosten	Jahr 1	Jahr 2	Jahr 3	Jahr 4	Jahr 5
9. Fixkosten 10. Variable Kosten					
11. Nettoeinnahmen (9 + 10)					

Netto-Cash-flow	Jahr 0	Jahr 1	Jahr 2	Jahr 3	Jahr 4	Jahr 5
12. Kumulierter Cash-flow						
13. Gesamtgewinnanstieg (8 + 11) – 5						

14. Kapitalwert ____________________

15. Kapitalzinsfuß ____________________

16. Amortisationszeitpunkt Jahr 1 ____ Jahr 2 ____ Jahr 3 ____

17. Interner Zinsfuß ____________________

Chart 18: Erklärungen zur Erfolgsrechnung (bezogen auf Chart 17)

Punkt 5: Die Gesamtinvestitionen stellen die gesamten Ausgaben dar, die durch die Investition entstehen. Die Gesamtinvestition wird als einmalige Aufwendung angesehen, deren Zahlung im Jahr Null der Investition erfolgt.

Punkt 2: Die jährlichen Instandhaltungskosten stellen die wiederkehrenden jährlichen Fixkosten dar, die über die nutzenbringende Zeit der Gesamtinvestition anfallen.

Punkt 13: Die Gesamtgewinnsteigerung beinhaltet Wertzuwächse aus: (1) Einsparungen durch Vermeidung, Reduzierung oder Eliminierung variabler Kosten und (2) Einnahmen aus Umsatzsteigerungen.
Verdeutlichen Sie auf einem Arbeitspapier jede Quelle, die zu Einsparungen führt, und damit zu einem positiven Cash-flow: Arbeitskosten, Materialien, Energie, Verringerung der Transportkosten und Verringerung der Zinsen, die für Kapital auflaufen, das in Beständen gebunden ist.
Verdeutlichen Sie auf die gleiche Weise jede Möglichkeit, die zu Einnahmen und dadurch zu einem positiven Cash-flow führt: höhere Umsätze oder gestiegene Gewinnspannen pro Stück, die nach Abzug der Produktions- und Absatzkosten erzielt werden. Die Gemeinkosten, die mit steigenden Umsätzen einhergehen, werden wahrscheinlich nicht proportional ansteigen, wenn überhaupt.

Punkt 12: Der kumulierte Cash-flow steht für die zusätzlichen Überschüsse, die durch Einsparungen und Einnahmen erzielt werden. Sie werden auf einer jährlichen Basis berechnet und können am Ende der Nutzungsdauer der Gesamtinvestition summiert werden.

Punkt 16: Der Amortisationszeitpunkt ist in dem Jahr ereicht, in dem der kumulierte Cash-flow die Gesamtinvestition deckt und somit den Investor aus dem Risiko entläßt. Nach der abgeschlossenen Rückzahlung wird der Cash-flow positiv, und es stellen sich Gewinne ein.

Punkt 14: Durch den Kapitalwert wird der zur Zeit aktuelle Wert der Summe aller zukünftigen Cash-flows bestimmt. Als Abzinsungsfaktor dienen die Opportunitätskosten, also derjenige Zinssatz, den man durch eine alternative Investition hätte erreichen können. Die jährlichen Opportunitätskosten werden für die Dauer der Gesamtinvestition berechnet. Im ersten Jahr wird beispielsweise ein Kapitalwert von 50 000 Dollar ermittelt, der im zweiten Jahr noch 41 667 Dollar beträgt, was heißt, daß die 50 000 Dollar um den Faktor 0,83333 bereinigt worden sind.

Punkt 17: Der interne Zinsfuß verdeutlicht das Verhältnis der Gesamtgewinnsteigerung zu der Gesamtinvestition, die erforderlich war, um erstere zu erreichen. Der interne Zinsfuß gibt die Effektivverzinsung des gebundenen Kapitals wieder.

Chart 19: Beispiel für ein Arbeitsablaufdiagramm

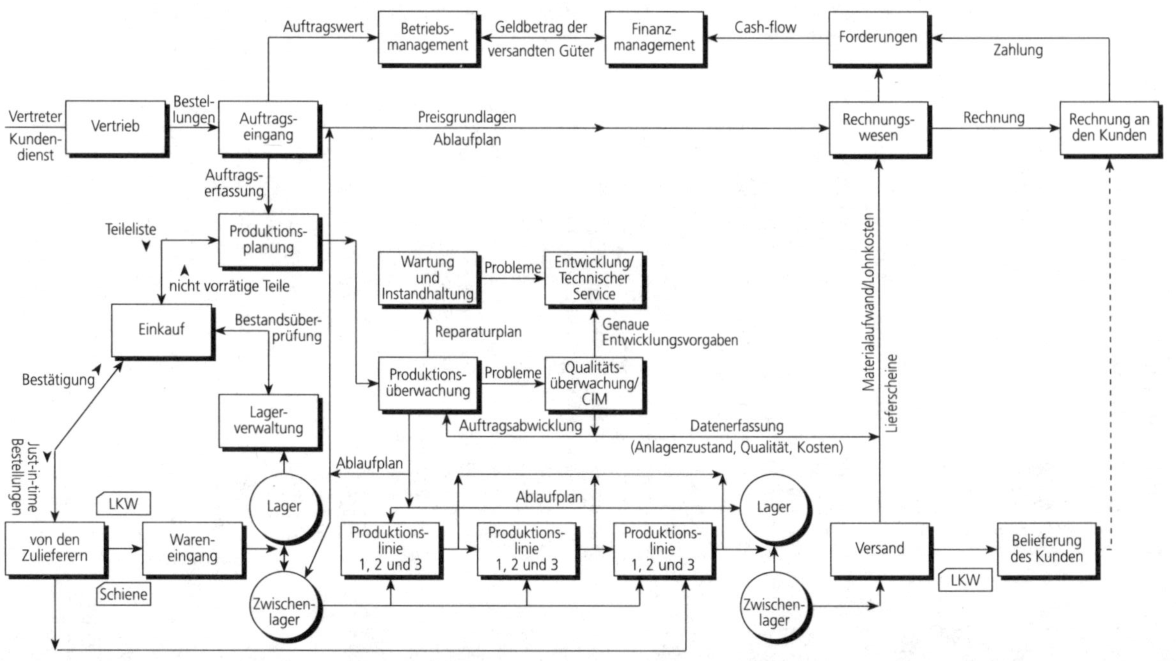

Teil 4: Stellen Sie die zu erwartenden Einzahlungen und Auszahlungen, die den gesteigerten Cash-flow veranschaulichen, gegenüber, und zeigen Sie die Arbeitsprozesse, die zu diesem Cash-flow beitragen

Machen Sie eine Kalkulation für Ihr Projekt. Sollten sich die Verbesserungen, die Sie planen, innerhalb eines Jahres verwirklichen lassen, legen Sie das in Chart 16 verdeutlichte Einjahresmodell zugrunde. Wenn das Projekt über mehrere Jahre läuft, können Sie Chart 17 benutzen. Erklärungen zu Chart 17 finden Sie in Chart 18.
Verdeutlichen Sie Ihre Kalkulation anhand eines Arbeitsablaufdiagramms, aus dem hervorgeht, wie Sie verschiedene Prozesse zu optimieren gedenken (Chart 19). Diese optimierten Arbeitsabläufe verdeutlichen den finanziellen Nutzen des Projekts, weil sie zeigen, wo das Geld herkommt. Zum Beispiel: Welche Arbeitsabläufe haben Sie gestrichen, verdichtet oder zusammengefaßt?
Welche Prozesse haben Sie umgestaltet, um schnellere Durchlaufzeiten zu erzielen? Wo haben Sie Teilbereiche eines Arbeitsablaufs ausgelagert?
Bei welchen Anschaffungen haben Sie einen Leasingvertrag dem Kauf vorgezogen, um damit Mittel, die für die Verwirklichung des Projektes notwendig sind, zu schonen?
Durch einen Leasingvertrag verlieren Sie zwar die Vorteile der Eigentumsrechte an einer Sache, aber Sie verlieren auch die Risiken, die damit verbunden sind: Anschaffungskosten, die ein Darlehen erforderlich machen, Wartungs- und Instandhaltungskosten sowie der einsetzende Wertverlust. Die Entscheidung, ob ein Kauf oder ein Leasingvertrag sinnvoller ist, läßt sich leicht nach einem Vergleich der beiden Varianten fällen. Bei einem abgeschlos-

senen Kaufvertrag hängt der Umfang des Kapitals, das freigesetzt werden muß, vom Kaufpreis, oder wenn die Mittel für den Kauf geliehen werden müssen, von der Höhe und den Zinsen des Darlehens ab. Als Kapitaleingänge sind in diesem Fall die Darlehenssumme, die Steuerersparnis durch die jährlichen Zinszahlungen und die Abschreibungen sowie der Restwert der Anschaffung zu verbuchen. Bei einem Leasinggeschäft sind die jährlichen Mietzahlungen auf der Ausgabenseite zu verbuchen, die steuerlich in voller Höhe abgesetzt werden können. Kapitaleingänge sind bei einem Leasinggeschäft nicht zu verbuchen.

Der Vergleich des Cash-flows beider Möglichkeiten vollzieht sich in zwei Schritten. Zuerst wird der jährliche Cash-flow des Kaufgeschäftes und der Leasingvariante berechnet.

Alle Definitionen und Berechnungen, die für die Kalkulation gelten, werden bei einem Vergleich zwischen Leasingvertrag und Kauf in gleicher Form durchgeführt. Die Berechnung des Kapitalwerts ist ebenfalls identisch. Doch es gibt drei signifikante Unterschiede:

① Beim Leasing gibt es keine Investition oder Auszahlung. Von Tag eins an rechnet man mit der positiven Seite unserer Rechnung, den Einzahlungen.
② Beim Leasing wird kein Amortisationszeitpunkt ausgerechnet, es sei denn, es wurde eine Kaufoption vereinbart.
③ Der interne Zinsfuß wird durch die Leasingrate ersetzt.

In den meisten Fällen ist der berechnete Cash-flow das ausschlaggebende Entscheidungskriterium für oder gegen einen Kauf oder ein Leasingangebot. Doch einige andere Faktoren spielen bei der Entscheidung eine nicht zu unterschätzende Rolle:

- Ein Leasingvertrag stellt eine hundertprozentige Finanzierung dar.
- Leasingverpflichtungen tauchen nicht in der Bilanz auf.
- Mietzahlungen können fortlaufend von der Steuer abgesetzt werden.
- Während der ersten Jahre eines Leasingvertrages sind die Leasingraten üblicherweise niedriger als die Kombination der Aufwendungen für Zinsen und Abschreibung nach einem Kauf.
- Ein geleastes Objekt wird eventuell zu einem vereinbarten Termin erneuert, oder es wird erneut über den Zinssatz verhandelt, der die Berechnungsgrundlage für die Leasingraten darstellt.
- Nicht mehr benötigte Gegenstände können ausgetauscht werden.

Der größte Vorteil eines Leasinggeschäfts aber ist, daß sich der Umfang der Vermögenswerte, die Sie verwalten müssen, verringert. Je geringer die Vermögenswerte sind, die Sie verwalten, und je höher der Cash-flow ist, den Sie damit erzielen können, desto größer wird der Respekt sein, den man Ihnen als einem geschickten Verwalter der Vermögenswerte entgegenbringt.

Teil 5: Suchen Sie Ihr Projektteam aus

Hier geht es nicht nur um Ihre Mitarbeiter, sondern vor allem um die Entscheidungsträger aus anderen Bereichen. Sollte jemand, der mit Finanzen zu tun hat, dabeisein, jemand aus dem Bereich F & E oder vielleicht der Produktionsleiter?

Teil 6:
Das Bewahren des partnerschaftlichen Verhältnisses zur »Chefetage«

Pflegen Sie Ihre Geschäftspartnerschaft mit dem Topmanagement, indem Sie sich zu kontinuierlichen periodischen Messungen der aktuellen Ergebnisse Ihrer Arbeit verpflichten. Erläutern Sie Abweichungen, um Überraschungen vorzubeugen. Geben Sie einen Ausblick auf die nächsten ein oder zwei gewinnverbessernden Projekte, die Sie planen – eines, mit dem Sie den Ofen auf die richtige Temperatur bringen, ein anderes, um es nochauf Eis legen zu können. All das dient nur dazu, eine fortwährende Verbesserung der Gewinnsituation sicherzustellen, und dazu, das Management auf die zukünftigen Mittel vorzubereiten, die Sie in Anspruch nehmen möchten.
Die Partnerschaft mit der »Chefetage« ist eine Beziehung, in der Entschuldigungen und Überraschungen nicht geduldet werden. Sie müssen die Geschäftsziele Ihrer Partner im Topmanagement unterstützen. Sie müssen Ihren Beitrag zur Wertsteigerung jedesmal zur rechten Zeit liefern, was heißt, daß Zuverlässigkeit Ihr Markenzeichen sein muß.

Stützen Sie Ihr Projekt mit der kleinsten notwendigen Datenmenge

Der häufigste aller Gründe, warum Möglichkeiten zur Gewinnverbesserung verpaßt werden, ist der, daß zu lange auf den idealen Zeitpunkt gewartet wird, nämlich so

lange, bis auch die letzte zu berechnende Vorgabe erfüllt ist. Es ist letztlich egal, wie lange Sie benötigen, um alle Voraussetzungen zu schaffen, damit Sie Ihr Projekt starten können; niemals wird alles so ablaufen, wie Sie es geplant haben. Doch je länger Sie benötigen, desto eher laufen Sie Gefahr, die Gelegenheit zu verpassen und mit leeren Händen dazustehen, während Sie noch die letzten Daten auf den neuesten Stand bringen – und das, soviel ist sicher, schadet Ihrem Ruf als zuverlässiger Partner.
Es lohnt sich darum, sich zwei Punkte zu vergegenwärtigen:

① Es existieren niemals ganz genaue Zahlen, bei allen Berechnungen handelt es sich um Annäherungen. Versuchen Sie, Ihre Berechnungen so genau und so schnell wie möglich durchzuführen, und bauen Sie auf die Zahlen, die Ihnen dann vorliegen.
② Das Topmanagement will solche Zahlen sehen, die den »besten Gegenwert« garantieren, man möchte also mit möglichst geringem Mitteleinsatz den höchstmöglichen Output erreichen. Ihre Zahlen müssen zeigen, was mit an Sicherheit grenzender Wahrscheinlichkeit zu erwarten ist, wenn heute eine Investitionsentscheidung zu Ihren Gunsten getroffen wird.

Damit Sie vom Topmanagement als Partner akzeptiert werden, müssen Sie sich an den Umgang mit der kleinstnotwendigen Datenmenge gewöhnen und in der Lage sein, einzuschätzen, welches die kleinstnotwendige Datenmenge für das jeweilige Projekt ist. Die Datenmenge ist ausreichend, wenn Sie über den derzeitigen Wert einer Problemlösung oder Chance wissen, daß Sie damit zu einer Steigerung des Gewinns beitragen können. Genau dann ist der

richtige Zeitpunkt, um dem Management ein Geschäft vorzuschlagen.
Jeder Zeitaufwand und alle Ausgaben, die Sie tätigen, um Informationen über die kleinstnotwendige Datenmenge hinaus zu erhalten, muß einen speziellen Grund haben. Sind die Opportunitätskosten, die durch die Verzögerung entstehen könnten, tatsächlich gerechtfertigt?

Chart 20: Die Einschätzung der Möglichkeiten zur Kostensenkung

Kosten, die wir senken können	Wie wir sie senken können	Um welchen Betrag in Dollar oder Prozent können wir sie dadurch senken?
1. ____________	1. ____________	1. Durchschnittlich $
	____________	____________
	____________	Durchschnittlich %
	____________	____________
2. ____________	2. ____________	2. Durchschnittlich $
	____________	____________
	____________	Durchschnittlich %
	____________	____________
3. ____________	3. ____________	3. Durchschnittlich $
	____________	____________
	____________	Durchschnittlich %
	____________	____________

Opportunitätskosten entsprechen der Höhe des Wertverlustes, der durch Kapital entsteht, das nicht investiert wird oder das nicht in ein Projekt investiert wird, das eine bessere Kapitalverzinsung erwarten läßt. Mit anderen Worten, die Opportunitätskosten machen den Unterschied eines Vergleiches des Gewinnanstiegs aus, wenn entweder Ihr Projekt finanziert wird oder aber das Geld

Chart 21: Die Bewertung der Möglichkeiten für Einnahmesteigerungen

Einnahmen, die wir steigern können	Wie wir sie steigern können	Um welchen Betrag oder um wieviel Prozent können wir sie steigern?
1. ________	1. ________	1. Durchschnittlich $
	________	________
	________	Durchschnittlich %
	________	________
2. ________	2. ________	2. Durchschnittlich $
	________	________
	________	Durchschnittlich %
	________	________
3. ________	3. ________	3. Durchschnittlich $
	________	________
	________	Durchschnittlich %
	________	________

gehortet oder das Projekt eines anderen finanziert wird. Wenn das Topmanagement die Mittel für das Projekt eines anderen freigesetzt hat, so sind diese für Sie und Ihr Projekt nicht mehr verfügbar. Anders ausgedrückt, Sie sind aus dem Geschäft.

Wie es möglich ist, die kleinstmögliche Datenmenge zu erfassen, wird in den Charts 20 und 21 dargestellt. Diese Daten sollten ausreichen, um die Sache ins Rollen zu bringen. Chart 20 zeigt eine grobe Einschätzung der Möglichkeiten zur Kostensenkung. Chart 21 zeigt eine grobe Einschätzung der Möglichkeiten, die Einnahmen zu steigern. Die Antworten in Spalte eins ergeben sich aus Ihrem Geschick, das Ihnen zugewiesene Kapital zu verwalten. Die Antworten in Spalte zwei ergeben sich aus Ihrer Fähigkeit, gewinnsteigernde Konzepte zu entwickeln. Die Antworten in Spalte drei ergeben sich aus der Erfolgskalkulation.

So rationalisieren Sie die Projektplanung

Das Topmanagement erwartet von Ihnen, daß Sie ausreichend Projekte vorschlagen, das heißt, daß Ihnen nie die Ideen ausgehen dürfen. Außerdem müssen Sie schnell in der Lage sein, ein Konzept zu entwickeln. Deshalb sollten Sie versuchen, den Prozeß der Ideenentwicklung und Projektplanung zu automatisieren. Das hat folgende Vorteile:

① Sie sind in der Lage, ständig neue Ideen zu generieren, ohne daß das Tagesgeschäft darunter leidet.
② Ihre Projektvorschläge entsprechen immer den Anforderungen an die Genauigkeit, die das Topmanagement hat. Außerdem haben Sie immer die Gewißheit, daß

alles korrekt gerechnet ist, ob Sie nun ein »Zahlenmensch« sind oder nicht.

③ Sie haben genügend Freiraum, Ihre Talente für schöpferische Arbeiten bei der Suche nach Strategien zur Gewinnsteigerung zu nutzen, statt sie bei den Routinearbeiten für die Projektplanung zu vergeuden.

Das von uns entwickelte Softwareprogramm FundMaster bereitet Projekte so auf, daß Sie sie fast nur noch präsentieren müssen. FundMaster setzt voraus, daß Sie eine Problemlösung oder eine Verbesserungsmöglichkeit gefunden haben, die sich mit einem strategischen Ziel der Unternehmensleitung deckt, und führt dann die Kalkulation für alle »Was-wäre-wenn-Vorschläge« aus, die Sie erarbeitet haben. Danach berechnet FundMaster den Cash-flow, die Nettogewinnsteigerung, die Amortisationsdauer und die Kapitalverzinsung der jeweils besten Lösung, die Sie ausgewählt haben, um sie als Projekt vorzuschlagen. Zudem zeigt das Programm, welche Produktions- und Arbeitsabläufe neu organisiert werden müssen, um diese Gewinnsteigerung zu erreichen.

Mit FundMaster sind Sie in der Lage, Ihrem Topmanagement einen nahezu sicheren Ausblick auf das Ergebnis einer Finanzierung Ihres Projektes zu gewähren. Darin ist enthalten, um welchen Betrag Sie die Kosten senken können, wie hoch Ihr Beitrag zu neuen Einnahmen sein wird und wie schnell Sie in der Lage sein werden, das zu verwirklichen. FundMaster bereitet die Daten auf, die Ihnen helfen, Antworten auf die Fragen zu finden, die über eine Zukunft oder das Aus für Ihr Projekt entscheiden: Wie soll unsere Gewinnsituation verbessert werden? Um welchen Betrag? Wie schnell? Mit welcher Verzinsung? Mit welchem Risiko?

Chart 22 zeigt, wie die Erfolgsrechnung aus den Charts 16

und 17 mit FundMaster aussieht. Wenn die Geschäftsleitung Alternativen sehen möchte, gibt Ihnen FundMaster die Möglichkeit, endlose Variationen Ihres Projektes im Bruchteil einer Sekunde zu berechnen, indem Sie einen Eingabewert ändern. Die folgenden Fragen stellen auf diese Weise kein Problem mehr dar:

- Welche Vorteile bringt uns eine Investition von geringerem Umfang?
- Wie können wir die Rückflußdauer verkürzen?
- Wie hoch sind die Zinsen, wenn eine Investition auf mehrere Jahre verteilt wird, anstatt sie zu Anfang in voller Höhe zu finanzieren?
- Was wäre der Vorteil eines Leasinggeschäfts gegenüber einem Kauf bei dieser Investition?

Da alle Fragen des Managements nun sofort beantwortet werden können, gibt es keinen Grund, die Entscheidung noch etwas aufzuschieben. Und wenn keine Fragen mehr zu beantworten sind, es keinen Grund mehr gibt, nicht fortzufahren, und keine bessere Verwendungsmöglichkeit für das Geld in Sicht ist, kann es nur noch heißen: »Wann sollen wir mit dem Projekt beginnen?« So kann die Planungsphase für Ihr Projekt erheblich verkürzt werden, was Sie in die Lage versetzt, mehr Mittel innerhalb einer Geschäftsperiode an sich zu binden. Dem Topmanagement wird auf der anderen Seite ermöglicht, früher weitere Geschäfte mit Ihnen und Ihren Kollegen zu machen, da sich die Zeit, die benötigt wird, um jedes Geschäft zu prüfen, erheblich reduziert.
Wenn Sie für einen pünktlichen Rückfluß der Mittel und einen positiven Cash-flow sorgen, werden Sie zu einer festen Größe für den Erfolg des Unternehmens und zu einem Partner für das Management.
Topmanager suchen nach einer ganz bestimmten Spezies

von Partnern: Sie suchen keine Partner im operativen oder technischen Bereich, sondern einzig und allein echte Geschäftspartner. Nur Geschäftspartner haben die hervorragende Eigenschaft, einen Beitrag zur Gewinnsteigerung leisten zu können. Sie verursachen keine Kosten, sie schöpfen Werte. Sie helfen, das Unternehmen zu vergrößern – und das ist das Holz, aus dem Geschäftspartnerschaften geschnitzt sind.

Was erwarten Topmanager von einer Partnerschaft mit Ihnen? Sie erwarten einen Zuwachs an Macht und Prestige. Sie erwarten zusätzliche Verdienste. Sie erwarten bessere Leistungen, die wiederum zu mehr Geld führen. Und sie erwarten zusätzliche Kontrollinstanzen, um Unwägbarkeiten eingrenzen zu können.

Wenn Sie Manager bei Chrysler sind und mit dem Chairman Bob Eaton als Geschäftspartner zusammenarbeiten möchten, müssen Sie sich seinen Wünschen nach »schnellen und quantifizierbaren Ergebnissen« anpassen.

Wenn Sie Manager bei Unisys sind und mit dem Chairman Jim Unruh als Geschäftspartner zusammenarbeiten möchten, so müssen Sie sich seinen Wünschen nach »greifbaren und bodenständigen Ergebnissen« anpassen.

Wenn Sie Manager bei Quaker Oats sind und mit dem CEO Bill Smithburg als Geschäftspartner zusammenarbeiten möchten, so müssen Sie ihm solche Projekte abliefern, die »einen Cash-flow generieren, der die Mittel übersteigt, die nötig sind, um das zu bewerkstelligen«.

Wenn Sie Manager bei American Home Products sind und mit dem Chairman John Stafford als Geschäftspartner zusammenarbeiten möchten, so müssen Ihre Einnahmen die Kosten, die Sie verursachen, in jedem Fall übersteigen. Sie werden »zum Lunch eingeladen«, wenn Ihre Ausgaben den Etatrahmen überschreiten. Niemand wird ein zweites Mal zum Lunch eingeladen.

Chart 22: Erfolgsrechnung mit FundMaster

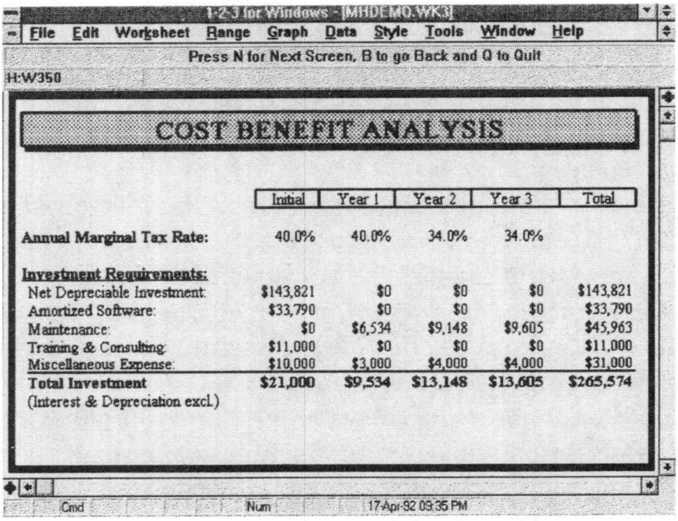

COST BENEFIT ANALYSIS

	Initial	Year 1	Year 2	Year 3	Total
Annual Marginal Tax Rate:	40.0%	40.0%	34.0%	34.0%	
Investment Requirements:					
Net Depreciable Investment:	$143,821	$0	$0	$0	$143,821
Amortized Software:	$33,790	$0	$0	$0	$33,790
Maintenance:	$0	$6,534	$9,148	$9,605	$45,963
Training & Consulting:	$11,000	$0	$0	$0	$11,000
Miscellaneous Expense:	$10,000	$3,000	$4,000	$4,000	$31,000
Total Investment	**$21,000**	**$9,534**	**$13,148**	**$13,605**	**$265,574**
(Interest & Depreciation excl.)					

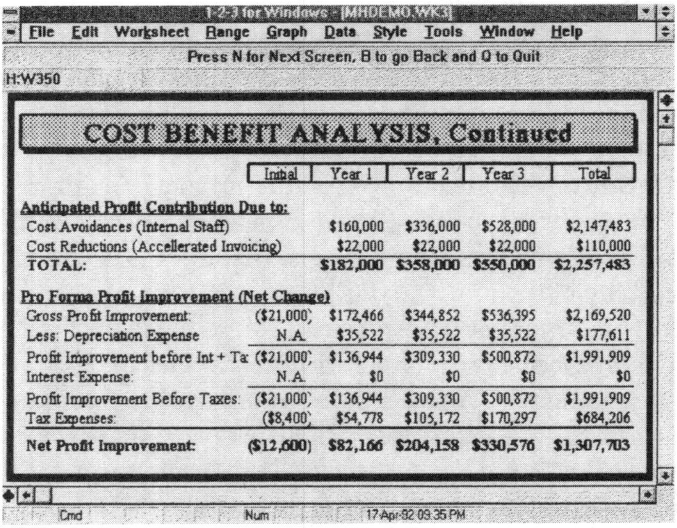

COST BENEFIT ANALYSIS, Continued

	Initial	Year 1	Year 2	Year 3	Total
Anticipated Profit Contribution Due to:					
Cost Avoidances (Internal Staff)		$160,000	$336,000	$528,000	$2,147,483
Cost Reductions (Accellerated Invoicing)		$22,000	$22,000	$22,000	$110,000
TOTAL:		**$182,000**	**$358,000**	**$550,000**	**$2,257,483**
Pro Forma Profit Improvement (Net Change)					
Gross Profit Improvement:	($21,000)	$172,466	$344,852	$536,395	$2,169,520
Less: Depreciation Expense	N.A.	$35,522	$35,522	$35,522	$177,611
Profit Improvement before Int + Ta	($21,000)	$136,944	$309,330	$500,872	$1,991,909
Interest Expense:	N.A.	$0	$0	$0	$0
Profit Improvement Before Taxes:	($21,000)	$136,944	$309,330	$500,872	$1,991,909
Tax Expenses:	($8,400)	$54,778	$105,172	$170,297	$684,206
Net Profit Improvement:	**($12,600)**	**$82,166**	**$204,158**	**$330,576**	**$1,307,703**

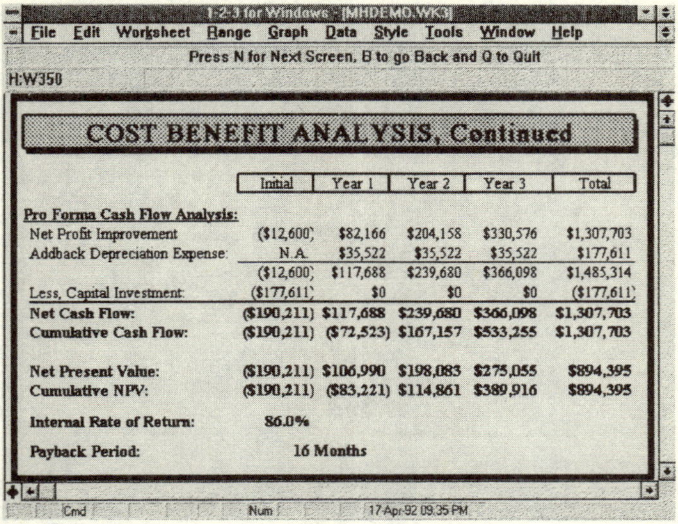

COST BENEFIT ANALYSIS, Continued

	Initial	Year 1	Year 2	Year 3	Total
Pro Forma Cash Flow Analysis:					
Net Profit Improvement	($12,600)	$82,166	$204,158	$330,576	$1,307,703
Addback Depreciation Expense:	N.A.	$35,522	$35,522	$35,522	$177,611
	($12,600)	$117,688	$239,680	$366,098	$1,485,314
Less, Capital Investment:	($177,611)	$0	$0	$0	($177,611)
Net Cash Flow:	**($190,211)**	**$117,688**	**$239,680**	**$366,098**	**$1,307,703**
Cumulative Cash Flow:	**($190,211)**	**($72,523)**	**$167,157**	**$533,255**	**$1,307,703**
Net Present Value:	**($190,211)**	**$106,990**	**$198,083**	**$275,055**	**$894,395**
Cumulative NPV:	**($190,211)**	**($83,221)**	**$114,861**	**$389,916**	**$894,395**
Internal Rate of Return:	**86.0%**				
Payback Period:		**16 Months**			

Wenn Sie ein Manager bei Procter & Gamble sind und mit dem Chairman Ed Artzt zusammenarbeiten möchten, so müssen Sie, ganz einfach, seinen Gewinn erhöhen. Wenn Mitarbeiter Zahlen erwirtschaften, die er nicht sehen will, so gibt es nur eines, was er ihnen zu sagen hat: »Erzielen Sie bessere Ergebnisse, oder ich setze Sie vor die Tür und verkaufe den Geschäftsbereich.«

5 Virtuelle Organisationsmuster

Ein virtuelles Unternehmen ist eine zeitlich befristete Vereinigung autonomer Unternehmungen. Jeder Geschäftspartner leistet mit seinen ganz besonderen Fähigkeiten einen notwendigen Beitrag zum gemeinsamen Unternehmen, das in der Lage ist, äußerst präzise auf Marktanforderungen zu reagieren. Bei diesen Fähigkeiten kann es sich um technisches Know-how handeln, um Kenntnisse der Vertriebsstrukturen oder der Verkaufstaktiken. Wenn die Bedürfnisse, die die jeweiligen Partner zusammengeführt haben, befriedigt sind, verselbständigen sich die einzelnen Unternehmen wieder, um in einer anderen Zusammensetzung als neues virtuelles Organisationsmuster zusammenzuarbeiten.
Virtuelle Organisationsmuster eröffnen dem Topmanagement die Möglichkeit, ausschließlich in den Genuß des Nutzens eines Wertes zu kommen. Nichts als die Vorzüge eines Vermögenswertes zu genießen bedeutet, immer dann, wenn er benötigt wird, einen Zugriff darauf zu haben, ohne sich mit den Kosten für Entwicklung, Unterhalt, Verbesserung oder Erneuerung belasten zu müssen. Das Management zahlt ausschließlich für die Nutzung.
Virtuelle Organisationsmuster kommen dem Ideal des Eigentums ohne feste Vermögenswerte sehr nahe. In der Praxis sähe das so aus, daß nur noch die strategischen Unternehmensbereiche und die Kernfähigkeiten das Eigentum des Managements darstellen, während alle

anderen, nichtstrategischen Unternehmensbereiche entweder ausgelagert oder durch Joint-venture-Projekte oder Leasingverträge abgedeckt werden.
Durch die Auslagerung eines Unternehmensbereiches wird dieser Vermögenswert aus der Unternehmensbilanz herausgezogen, wodurch die Kosten, die das Eigentum verursachte, auf Null sinken. Sie können das gleiche Ergebnis erzielen, wenn Sie Ihre Arbeit als Nettobeitrag zu den Gewinnen des Managements betrachten, so daß auch Sie ein virtueller Zulieferer werden, der keinerlei Betriebskosten verursacht.
Ein »Als-ob«-Management – als seien Sie ein externer Zulieferer – ist die Voraussetzung, um innerhalb des Unternehmens konkurrenzfähig bleiben zu können. Jeder Unternehmensbereich, der dem Kostenvergleich mit den zu erzielenden Leistungsstandards des jeweiligen Industrie- oder Dienstleistungssektors nicht standhält, ist ein überflüssiger Luxus. Und es ist nur eine Frage der Zeit, bis es dann zum Outsourcing kommt.

Scheinautonomie als Arbeitskonzept

Damit Sie einem Vergleich mit einem externen Zulieferer standhalten, muß Ihr Bereich dem Unternehmen insgesamt mehr einbringen, als er kostet. Wenn bei Ihrer Arbeit ein Projekt auf das andere folgt, muß jeder dieser Geschäftsfälle (jedes Projekt ist ein Geschäft!) dieser Anforderung genügen. Auf ein Jahr bezogen, müssen die Geschäfte, die über Ihr Konto abgewickelt wurden, Gewinne einbringen, die entweder genauso hoch sind oder höher als die, die mit einem externen Partner möglich gewesen wären.
Wenn Sie Gewinne nicht »insourcen«, wird Ihr Bereich

irgendwann outgesourct. Dieses grundlegende Geschäftsprinzip bedeutet für Sie, daß Ihre wirklichen Konkurrenten die Leute außerhalb des Unternehmens sind und nicht Ihre Kollegen in anderen Abteilungen.
Versetzen Sie sich in die Lage, ein eigenes Geschäft anstelle eines Unternehmensbereiches zu leiten. Stellen Sie sich beispielsweise vor, Sie leiteten ein unabhängiges Entwicklungsbüro, wenn Sie für die Abteilung Forschung und Entwicklung verantwortlich sind.
Oder stellen Sie sich vor, Sie seien ein Vertragsunternehmen, wenn Sie für die Produktion verantwortlich sind. Sie sollten sich bei jedem Projekt fragen, warum das Topmanagement es vorzieht, das Geschäft mit Ihnen zu machen. Die Antwort wird nicht länger lauten: »Nur weil ich zum Unternehmen gehöre.« Ihr Angebot muß konkurrenzfähig sein und die gleichen Kriterien erfüllen, nach denen sich auch alle externen Partner richten müssen, um den Zuschlag zu erhalten.
Sie haben damit den großen Vorteil, Ihren Topmanagern so gegenüberzutreten, als befänden Sie sich außerhalb des Unternehmens – und können trotzdem die Wettbewerbsvorteile eines Insiders genießen. Denn Sie kennen die entsprechenden Entscheidungsträger und haben Zugriff auf Daten, die man einem externen Zulieferer vorenthalten würde. Dieser Vorteil öffnet Ihnen vielleicht auch über einige Dinge leichter die Augen:

- Wo häufen sich die Schwachstellen in unserem Bereich, die verhindern, daß wir ein preiswertes Angebot unterbreiten können?
- Wo sind die Produktionszeiten innerhalb unseres Arbeitsbereiches zu lang? Was hindert uns daran, schneller zu werden, um als erste mit einem neuen Produkt am Markt zu sein?

- Wo können Qualitätsvorgaben und Produktionsdauer nicht in Einklang gebracht werden, und wo wird ein Konflikt zwischen den betriebsinternen Anforderungen an Ihre Arbeit und den Anforderungen der Kunden heraufbeschworen?

Oft ist es so, daß sich externe Anbieter intensiver mit den Zielen und Strategien des Topmanagements auseinandersetzen, als interne das tun. Vielleicht haben Sie hier einen Nachholbedarf?
Wenn Sie Ihre Arbeit als autonomes Geschäft betrachten, werden Sie feststellen, daß es nicht länger ausreicht, ein willfähriger, reagierender Angestellter zu sein, der seine internen Anweisungen erhält und versucht, die Bedürfnisse seines Chefs zu befriedigen. Mit dem Unternehmergeist eines externen Partners sind auch Sie in der Lage, die Ziele Ihrer »Kunden« voranzutreiben, indem Sie entweder die Zeit oder den Aufwand vermindern, um diese zu erreichen. Wenn Sie sich zurücklehnen und darauf warten, reagieren zu können, erzielen Sie Leistungswerte, die schon zum Standard geworden sind. Es wird Ihnen nicht gelingen, als erster die Standards zu erfüllen, die die bisherigen in Zukunft ablösen werden.
Hinter den Standards seiner Sparte zurückzubleiben gleicht einem Desaster. Sich im Bereich der aktuellen Leistungsanforderungen zu bewegen, in Tuchfühlung mit Ihren Konkurrenten, kommt einer ausreichenden Leistung gleich. Doch die neuen Standards als erste zu erreichen und diese auch als erste wieder hinter sich zu lassen, bedeutet eine Vormachtstellung – nicht nur was Ihre Produktionsqualität oder den Wert Ihrer Dienstleistung betrifft, sondern auch für Ihren Beitrag zur Steigerung der Unternehmensgewinne.

Projektmanagement und Gewinnsteigerung

Behandeln Sie gewinnsteigernde Projekte so, als seien sie Ihre Produkte. Sie sind der Hersteller, der auf höchstem Qualitätsniveau (Total Quality Management) und Just-in-time-Basis produziert. Bei maximaler Produktivität müssen die Anforderungen Ihrer Geldgeber an die Qualität der Produkte erfüllt sein.

Sie sollten immer einige gewinnversprechende Projekte auf Lager haben. Wenn Ihre Geschäfte mit der Chefetage aus irgendeinem Grund unterbrochen werden sollten, entstehen umgehend Opportunitätskosten für Sie, weil keine Mittel in Ihren Bereich fließen. Ausfallzeiten oder Retouren – Projekte, deren Vorgaben nicht erfüllt werden können – sind kostspielige Unterbrechungen. Sie gefährden den ununterbrochenen Fluß Ihrer Mittel. Die Kosten, die letztendlich durch diese Unterbrechungen verursacht wurden, machen im ungünstigsten aller Fälle den Weg frei für die Projekte Ihrer Konkurrenten. Während Sie sich mit der Begrenzung des Schadens beschäftigen, verkaufen andere Manager ihre konkurrenzfähigen Projekte an die Chefetage.

Begreifen Sie sich als Verkaufsstratege und Ihr Projektteam als Ihre Verkaufsgehilfen! Wie viele Abschlüsse haben Sie getätigt? Sind die Vertriebswege straff genug? Wie zufrieden sind Ihre Kunden?

Das ist die Zielsetzung einer virtuellen Geschäftsstrategie, in der die Qualität der Projekte, die Sie im Hinblick auf die Verbesserung der Gewinnsituation des Managements schaffen und verwalten, Ihr Lebenselixier ist.

Fünf Regeln des Projektmanagements sollen helfen, diese Vorgaben umzusetzen:

① Jedes Projekt muß eine Zielvorgabe haben, anhand deren sein Erfolg eingeschätzt werden kann.

② Ein Projekt muß so verwaltet werden, daß sein Ziel mit einem minimalen Aufwand an Zeit, Geld und Managementkapazitäten erreicht werden kann.
③ Ein Projekt muß so schnell wie möglich abgewickelt werden, so daß die Managementkapazitäten möglichst schnell wieder freigesetzt werden können.
④ Die Anzahl der Projekte muß mit den Mitteln, die in Anspruch genommen werden, übereinstimmen. Zu wenige Projekte führen zu einer schlechten Ausnutzung der Mittel, zu viele Projekte überfordern die Abteilung und führen zu schlechten Resultaten.
⑤ Die Reihenfolge der Projekte sollte sich an der Dringlichkeit ihrer Zielsetzungen orientieren.

Das Management eines gewinnversprechenden Projektes ist ein Prozeß, der in mehreren Schritten abläuft. Sie wählen das Projekt aus, seine leitenden Mitarbeiter, das Team. Sie erarbeiten das Projektkonzept, analysieren seine Gewinnaussichten und Risiken und entscheiden, ob es sich lohnt fortzufahren oder ob es besser wäre, sich von dem Projekt zu trennen. In Chart 23 wird dieser Prozeß verdeutlicht.

Die Auswahl des Projektes

Sie sollten immer eine Anzahl potentieller Projekte »auf Lager« haben. Unter den nun aufgeführten zwei Punkten handelt es sich um die Kriterien, die ein Projekt mitbringen muß, um in Ihren Bestand aufgenommen zu werden:

① Es muß eine Verzinsung der Mittel gewährleisten, die zumindest den minimalsten Anforderungen entspricht, die Ihre Geschäftsleitung an die Verzinsung stellt.

Chart 23: Projektplanungsprozeß

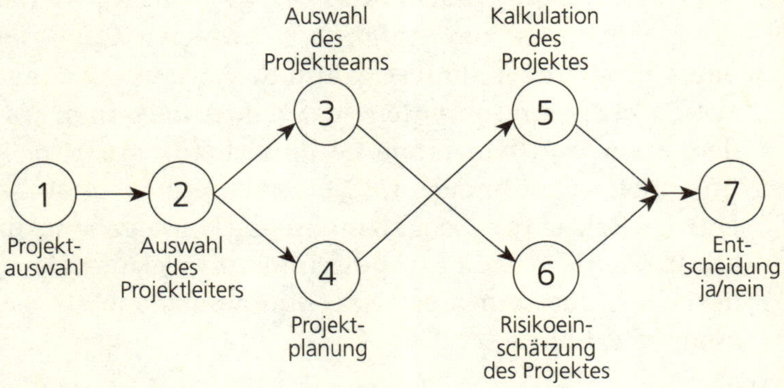

② Es muß mit den Geschäftsstrategien des Unternehmens in Einklang gebracht werden können, dadurch, daß es alle grundlegenden Punkte dieser Strategien erfüllt.

Sie benötigen wiederum andere Kriterien, um die Rangordnung festzulegen, nach der Sie die Projekte wieder aus der Schublade hervorholen. Unter finanziellen Aspekten ist das Projekt mit dem höchsten Kapitalwert die vielversprechendste Investition. Der Kapitalwert erlaubt Ihnen einen direkten Vergleich der konkurrierenden Projekte untereinander, denn durch ihn wird der abschließende Gesamtwert eines Projektes zum Ausdruck gebracht, nachdem alle Ausgaben abgezogen sind und der Zeitwert berücksichtigt wurde. Um eine Auswahl nach der Vorgabe des Kapitalwerts noch sicherer zu machen, können Sie diesen um drei zusätzliche Kriterien ergänzen:

① Um einen Vergleich des erwarteten Cash-flows über

mehrere Jahre. Dieser gibt Auskunft darüber, wie sich der Wert des Projektes entwickelt.

② Um die Amortisationsdauer. Sie gibt Auskunft darüber, wie lange der anfänglich negative Cash-flow eines Projektes andauert, wann das Projekt die Investition deckt und mit Reinvestitionen begonnen werden kann und wie lange es dauert, bis ein Projekt finanziell unabhängig ist.

③ Um die Erlöse pro Ausgabeneinheit. Diese geben Auskunft darüber, wie beständig und von welcher Dauer der Cash-flow eines Projektes ist, nachdem es sich amortisiert hat.

Es sind jedoch nicht nur finanzielle Kriterien zu beachten. Die Rangfolge der Projekte wird auch von folgenden Kriterien beeinflußt:

- Die Erfolgsaussicht. Dabei wird versucht einzuschätzen, mit welcher Wahrscheinlichkeit ein Projekt seine Zielvorgaben erreicht.
- Die positiven Folgewirkungen. Hier versucht man einzuschätzen, mit welcher Wahrscheinlichkeit ein Projekt einen positiven Einfluß auf zukünftige Projekte hat.
- Die sofortige Umsetzbarkeit. Dabei untersucht man, mit welcher Wahrscheinlichkeit ein Projekt unverzüglich mit den derzeitigen Kapazitäten gestartet werden kann, ohne daß erhebliche Veränderungen vorgenommen oder aufwendige und risikobehaftete Innovationen eingeleitet werden müssen.
- Der Arbeitsaufwand für die Entscheidungsträger. Wenn die Entscheidungsträger zu stark in ein Projekt involviert sind, können unvertretbare Opportunitätskosten für zukünftige Projekte entstehen.

Die Auswahl des Projektmanagers

Ein Projektmanager ist praktisch der Eigentümer eines Projektes. Er oder sie trifft die Entscheidungen, erstellt ein Konzept und wählt ein Team aus. Das Projektmanagement ist eine anspruchsvolle Aufgabe. Projektmanagerinnen und Projektmanager sollten deshalb die folgenden Eigenschaften haben:

- Probleme präzise erkennen und lösen,
- sich mit einem Projekt identifizieren können,
- in der Lage sein, Entscheidungen auch gegen andere durchzusetzen,
- Teile immer auch als zukünftiges Ganzes einschätzen können,
- Vieldeutigkeiten verabscheuen,
- Deadlines einhalten und zielgerichtet arbeiten,
- ehrgeizig sein und für eine Sache alles geben,
- mehrere Dinge auf einmal machen können,
- hohe Leistungsanforderungen an die Mitarbeiter stellen, die dann auch erbracht werden,
- erfolgsorientiert sein und Angst vor dem Scheitern haben,
- eine Abneigung gegen Bürokratie, Regeln und Traditionen haben,
- eine Vorliebe für direktes und informelles Handeln haben, um schnell Ergebnisse zu erzielen.

Die Auswahl des Teams

Ein Projektteam besteht aus drei bis sechs Hauptakteuren. Im Projektteam werden alle für das Projekt notwendigen Fähigkeiten gebündelt. Diese müssen sich ergänzen und genau so aufeinander abgestimmt sein, daß die Ziel-

Chart 24: Netzplan

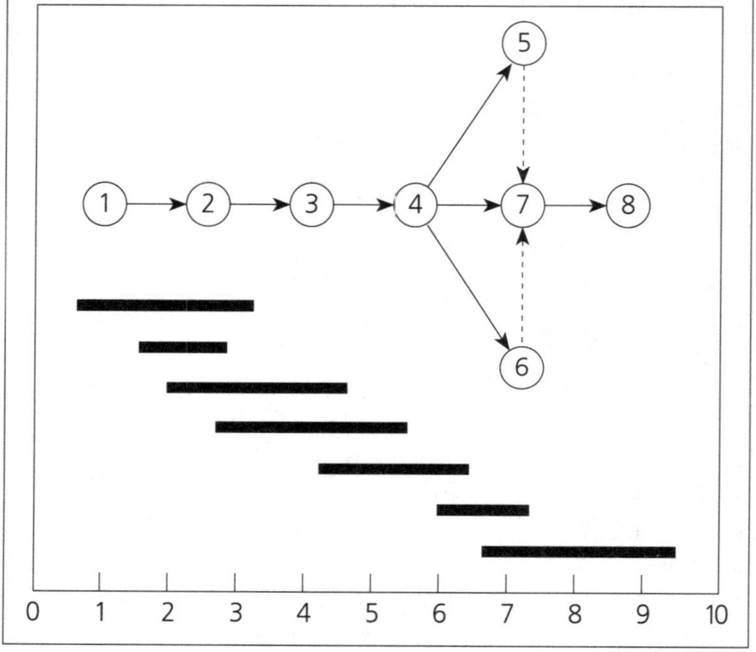

setzung des Projektes problemlos erreicht werden kann. Das Team muß »in einem Boot« sitzen und derselben Führungskraft, nach identischen Leistungsstandards und für eine gerechte Entlohnung, Rechenschaft zollen.

Die Projektplanung

Die Projektplanung sollte, von ihrer Zielsetzung ausgehend, rückwärts verlaufen und aus der Sicht der Kunden nach innen in das Unternehmen hinein gerichtet sein.
Um die Kontrolle zu erleichtern, bietet es sich an, das Pro-

jekt in einige Hauptschritte aufzusplitten. Jede Aufgabe oder Phase sollte separat geplant werden.
Chart 24 zeigt, wie Sie die einzelnen Projektphasen zu einem Netzplan zusammenstellen. Chart 25 stellt die Projektphasen in Tabellenform dar.

Chart 25: Projektphasen in Tabellenform

Arbeitsschritt oder Projektphase	Geschätzte Dauer in Tagen	Vorausgehender Arbeitsschritt	Nachfolgender Arbeitsschritt
A	4		B, C, G
B	3	A	D
C	2	A	E
D	4	B	F
E	1	C	F
F	4	D, E	H
G	6	A	H
H	1	F, G	I
I	1	H	

Die Risiko-und-Gewinn-Analyse

Die Aussichten eines Projektes, einen Beitrag zum Gewinn leisten zu können, müssen gegen die Risiken abgewogen werden – für den Fall, daß es nicht oder nicht in ausreichendem Umfang oder innerhalb des geplanten Zeitraumes dazu kommt.
Eine Risikoanalyse beinhaltet den Versuch, die Ungewißheit, diese Risiken betreffend, anhand subjektiver Wahrscheinlichkeitsmaßstäbe berechenbarer zu machen. Das erfordert vergleichbare Wahrscheinlichkeiten wie diese:

- Wie hoch ist der wahrscheinliche Einfluß vorhersehbarer zukünftiger Ereignisse auf die durch das Projekt in Aussicht gestellte Wertsteigerung?
- mit welcher voraussichtlichen Wahrscheinlichkeit wird das Ereignis eintreffen?

Darüber hinaus kann ein Risiko durch Fragestellungen wie diese besser eingeschätzt werden:

- Kann man das Wahrscheinlichkeitsverhältnis beziffern? Liegt es bei 1 : 9 oder bei 1 : 5?
- Wenn ein Ereignis eintritt, wie hoch ist die Wahrscheinlichkeit, daß sich das Ergebnis um neunzig Prozent verschiebt? 1 : 5 oder 1 : 9? Wie hoch ist die Wahrscheinlichkeit, daß es eine Veränderung nach sich zieht, die nur fünfzig Prozent ausmacht?

Benchmarking – der Vergleich mit anderen

Wenn Ihre Abteilung von morgen an ein eigenständiges Unternehmen wäre, müßten Sie folgendes bedenken:

① Sie sind jetzt für Ihren Unterhalt selbst verantwortlich, da das Unternehmen nun die Bereitstellung Ihrer Mittel nicht mehr garantieren wird.
② Sie müssen zu den Gewinnen Ihrer Kunden beitragen, damit diese weiterhin in der Lage sind, Ihnen Geld zu zahlen.

Selbständige Unternehmen arbeiten unentwegt darauf hin, diese Vorgaben zu erfüllen. Sie haben gar keine andere Wahl. Als Ergebnis könnten Sie Ihrem Topmanagement beispielsweise folgendes Angebot machen:

- Wir sind *die* Experten für eine kontinuierliche Verbesserung Ihrer Gewinnsituation durch eine EDV-gestützte Datenaufbereitung der Auftragseingänge. Aus Erfahrung wissen wir, daß wir die Kosten, die diese Arbeitsprozesse verursachen, im Normalfall im ersten Jahr um mindestens fünfzehn Prozent senken können (oder den Gewinnanteil, den diese Arbeitsprozesse erwirtschaften innerhalb eines Zeitraums von drei Jahren um mindestens fünfzehn Prozent steigern können). Dabei arbeiten wir als Komanager mit den Verantwortlichen in Ihrem Hause zusammen. Wir garantieren Ihnen diese Minimalleistungen und damit eine entsprechende Verzinsung Ihrer Investition.
  Wenn wir es schaffen, diese Minimalgarantie zu übertreffen, werden wir den Erfolg mit Ihnen auf einer Basis von 20 bis 30 Cent für jeden zusätzlich durch unsere Arbeit verdienten oder eingesparten Dollar teilen.

Das Leistungsvermögen der externen Konkurrenz muß Ihre Zielvorgabe sein. In allen Sparten markieren externe Unternehmen die Standards, die es zu erreichen oder zu übertreffen gilt. Wenn Sie nicht in der Lage sein sollten, sich diesen Vorgaben anzupassen, wird das Topmanagement unweigerlich das bessere Angebot auswählen. Dabei spielt es für die Entscheidung keine Rolle, ob es sich um ein externes oder ein internes Angebot handelt, sofern der Unterschied signifikant genug ist.
Der ehemalige EDV-Chef von Rank Xerox, Paul Strassmann, glaubt, daß es zu einer zunehmenden Auslagerung der zentralen Datenverarbeitungsprozesse kommen wird. Rank Xerox hat diese Aufgaben zu Electronic Data Systems ausgelagert, Kodak zu IBM und Digital Equipment. Paul Strassmann sagt: »Während der letzten zehn Jahre haben EDV-Manager viel Zeit mit der Entwicklung

von Strategien vertan, statt sich um ihre eigentlichen Aufgaben zu kümmern.« Da inzwischen auch Manager im kaufmännischen Bereich der Unternehmen über ausreichende Kenntnisse der Datenverarbeitung verfügen, werden EDV-Abteilungen verstärkt outgesourct.
Der beste Weg, die Leistungsfähigkeit externer Unternehmen zu erreichen, besteht darin, deren grundlegende Strategien zu verinnerlichen, sie in die eigene Arbeit einfließen zu lassen, sie durch Managementtraining und ein »Lob-und-Tadel«-System zu manifestieren, die Ergebnisse festzuhalten und Ihr Managementteam von der Umsetzbarkeit zu überzeugen.

Sehen Sie Ihr Projekt aus der Perspektive desjenigen, der es finanziert

Denken Sie immer daran, daß Ihre Topmanager auch Ihre Kunden sind. Wenn sie die Zusammenarbeit mit Ihnen von Anfang an auf Basis einer Geschäftspartnerschaft planen – denken Sie an »Partnerschaftsplanung« als Entsprechung zur Produktionsplanung –, wie wird diese aussehen? Wie wird sie strukturiert sein? Wie wird sie funktionieren? Welche Leistungsvorgaben müssen Sie erfüllen, um zur »ersten Wahl« als Geschäftspartner für das Topmanagement zu werden?

Weniger bedeutet mehr

Vergrößern Sie Ihre Produktivität und verringern Sie die Gemeinkosten. Machen Sie sich einen Namen dadurch, daß Sie mit wenig viel erreichen. Versuchen Sie nicht, ihre Macht auszubauen, sondern die Gewinne.

Veranschaulichen Sie Arbeitsabläufe

Sorgen Sie für eine kontinuierliche Verbesserung der Arbeitsabläufe und für eine Verringerung der Durchlaufzeiten. Integrieren und reintegrieren Sie Systeme, erarbeiten Sie neue Konfigurationen, indem Sie vorhandene Abläufe kombinieren, andere einsparen oder auslagern, um kontinuierlich die Effektivität Ihrer Arbeit zu steigern.

Bestwerte sind Ihre Richtwerte

Begreifen Sie die Standards, die für Ihren Bereich gelten, als Basis, nicht als Ziel. Versuchen Sie, so gut es geht – auch im Vergleich zu den externen Unternehmen –, die beste Qualität zu liefern. Das heißt, Sie müssen auf dem gleichen Niveau wie die Besten arbeiten und dürfen keinem unterlegen sein.

Treffen Sie Entscheidungen ohne großen Aufwand

Versetzen Sie Ihre Mitarbeiter durch Ausbildungsmaßnahmen in die Lage, *zielstrebig* Chancen für eine Gewinnsteigerung zu finden, diese möglichst *schnell* als Projekt *anbieten* und sie ebenso *schnell umsetzen* zu können, um so Opportunitätskosten zu vermeiden. Eine Chance als letzter wahrzunehmen kann auf dasselbe hinausführen, wie gar keine Chance zu haben.

Machen Sie aus Ihrem Erfolg Ihr Kapital

Ein Geschäft mit dem Topmanagement, bei dem Sie die Mittel, die Sie erhalten, vom Umfang der Gewinne, die Sie erzielen, abhängig machen, garantiert das. So sind Sie als

Geschäftspartner am Kapital beteiligt. Erzielen Sie eine auf jedes individuelle Projekt bezogene Vereinbarung, bei der das Verhältnis der investierten Dollars im Bezug zum erwirtschafteten Ertrag steht. So geben die Mittel, die für Ihr Projekt bewilligt werden, Auskunft über das Ergebnis Ihrer Arbeit und nicht über die Kosten, die Sie verursacht haben.

Sorgen Sie für einen ungehinderten Informationsfluß

So ist jeder, der an Ihrer Arbeit beteiligt ist, auch in der Lage, Ideen für gewinnversprechende Projekte beizusteuern. Machen Sie Ihren Mitarbeitern die Bedeutung von Kosten und Durchlaufzeiten immer wieder klar. Führen Sie jedem Mitarbeiter vor Augen, welches Potential für eine Steigerung von Produktivität und Qualität in Ihrem Unternehmensbereich steckt und was das für den Zuwachs der Einnahmen derjenigen Geschäftsbereiche bedeutet, die Sie unterstützen. Fordern Sie den ungehinderten Informationsfluß als Recht ein, das die Verpflichtung beinhaltet, dieses Recht für das Ausfindigmachen gewinnversprechender Projekte zu nutzen. Verstehen Sie dieses Recht als Chance.

Denken Sie an den Kunden

Aus Ihren Topmanagern zufriedene Kunden zu machen sollte *die* treibende Kraft Ihrer Arbeit sein.

Anhang

Wie Topmanager ihre Investitionen planen

Topmanager planen ihre eigenen Projekte in vier Schritten:

① Planung des Projekts,
② Berechnung der Vorteilhaftigkeit des Projekts und Entscheidung,
③ begleitende Überwachung während der Laufzeit,
④ Nachkalkulation.

Der erste Schritt

setzt voraus, daß es ein langfristiges Unternehmensziel gibt und daß das neue Projekt damit übereinstimmt.
Einzahlungen, Gewinne, Auszahlungen, Kosten und Marktchancen müssen für die Planung geschätzt werden. Diese Einschätzung ist einer der wichtigsten, schwierigsten und zeitaufwendigsten Bereiche der Projektplanung. Ein aufwendiges Projekt tangiert gewöhnlich die Unternehmensbereiche Marketing, Forschung und Entwicklung, Produktion und Finanzen.
Die Unsicherheiten, die langfristigen Vorhersagen zu eigen sind, erweisen sich oft als gravierend. Wahrscheinlichkeitsanalysen, das Scheitern oder Gelingen eines Projektes betreffend, gewinnen angesichts wachsender Unsicherheit an Bedeutung. Ein verhältnismäßig einfacher Ansatz, Unsicherheiten einzuschätzen, wird später vorge-

stellt. Bei langfristigen Projekten können auch kompliziertere Wahrscheinlichkeitsanalysen und Computersimulationen nützlich sein. Wenn die Zahlen schon bei diesem Schritt nicht stimmen, ist alles Weitere eine reine Rechenübung ohne jeglichen Sinn.

Dem zweiten Schritt,

der Investitionsrechnung, wurde in finanzwirtschaftlichen Publikationen große Beachtung geschenkt. Zeitbezogene Berechnungsmethoden des Kapitalwerts finden allgemeine Zustimmung und stellen ein überaus wichtiges Entscheidungskriterium dar. Doch auch die Amortisationsrechnung, mit der das Risiko einer Investition eingeschätzt werden kann, hat ihre Berechtigung. Methoden hierzu werden im folgenden veranschaulicht und für die Anwendung auf das einzelne Projekt bezogen aufbereitet. Innerhalb bestimmter Grenzen, die ohne weiteres auszumachen sind, stellen diese Methoden die geeigneten Werkzeuge für die Einschätzung eines Projektes dar. Dabei kommt es jedoch nicht zu einem konventionellen Ja- oder Nein-Ergebnis. Die von uns behandelten Methoden geben dem Management einfach gewisse Anhaltspunkte. Egal, welche quantitativen Richtwerte ermittelt werden, bei der letztendlichen Entscheidung sind auch qualitative Momente ausschlaggebend. Und die persönlichen Vorlieben und Einschätzungen des Geldgebers oder des Topmanagements können nicht berechnet werden.

Der dritte Schritt

ist die ständige Überwachung des Projekts, um Abweichungen frühzeitig zu erkennen und darauf reagieren zu können. Zu hohe Ausgaben können den Sinn der getroffe-

nen Entscheidung nämlich in Zweifel ziehen oder gänzlich entkräften.
An diesem Punkt ist eine Warnung nötig. Wenn für ein Projekt Investitionen in einer bestimmten Höhe veranschlagt werden, so sollte klar sein, daß kein höherer Betrag ausgegeben wird. Mehrausgaben in signifikanter Höhe können nicht zugelassen werden. Genauso schlecht ist es für einen Projektverantwortlichen, wenn er seine ursprünglichen Forderungen falsch eingeschätzt hat und im nächsten Jahr um zusätzliche Mittel bitten muß. Wenn einer dieser Fälle eintritt, muß das Projekt eigentlich völlig neu geplant werden. Doch leider ist ein Unternehmen zu diesem Zeitpunkt schon unwiderruflich mit einem Projekt verbunden, und ein Nachtragshaushalt ist in solchen Fällen fast unumgänglich.

Der vierte Schritt,

die Nachkalkulation oder die Auskunft über die Ergebnisse einer Investition, ist eine Arbeit, von der jeder sagt, daß sie notwendig ist, die aber nur selten gemacht wird. Als besonderes Problem erweist sich die Tatsache, daß zahlreiche Projekte Bestandteile größerer, bereits getätigter Investitionen werden, so daß die neuen Projekte nicht mehr von den bestehenden unterschieden werden können. Die Prüfung des Teilprojektes wird dann überflüssig und bedeutungslos, weil nicht mehr festgestellt werden kann, ob das Ziel erreicht wurde. Man kann nur noch die Gesamtrendite ausrechnen, nicht die Rendite des Teilprojektes. Eine Nachkalkulation muß sich in einem solchen Fall an anderen Kriterien orientieren. Eines dieser Kriterien könnte beispielsweise der Cash-flow sein.
Herauszustellen ist, daß eine gute Budgetplanung den Vergleich von Zielvorgabe und Ergebnis verlangt. Und

wenn nicht mit denselben Kriterien gearbeitet werden kann wie bei der Projektplanung, muß man in der Kontrollphase neue provisorische Kriterien zur Beurteilung finden.

Grundlagen der Investitionsrechnung

In diesem Abschnitt werden spezielle Methoden zur Einschätzung von Projekten mit einem großen Kapitalbedarf behandelt. Die zugrunde liegenden Konzepte sind darauf ausgerichtet, die wirtschaftlichen Konsequenzen einer großen Investition einzuschätzen.
Allen unseren Berechnungen liegt folgendes Modell zugrunde:

Einzahlungen abzüglich Auszahlungen = Cash-flow (Einzahlungsüberschuß)

Wir berücksichtigen, daß Einzahlungen um so weniger wert sind, je weiter sie in der Zukunft liegen und Auszahlungen um so belastender, je schneller sie erfolgen müssen. Hier wird also der Faktor »Zeit« einbezogen.
Es ist nicht nötig zu versuchen, dieses Konzept eventuellen Änderungen der Kaufkraft des Geldes anzupassen. Bei den Berechnungen wird vorausgesetzt, daß es keinen bedeutenden Verfall der Kaufkraft gibt. Sollte dieses wider Erwarten eintreten, so wären beim zeitbezogenen Geldwertmodell Korrekturen des verminderten Realwertes (der Kaufkraft) zukünftiger Zahlungen erforderlich. Die Einschätzung des allgemeinen Geldwertkonzeptes für die Investitionsplanung bedarf nur einer Anpassung an den Zeitwert. Man geht so vor, daß man die ganze Zahlenreihe entweder aufzinst oder abzinst und so den Kapitalwert oder den Barwert ausrechnet.

Zuerst müssen alle Einzahlungen und Auszahlungen, die durch das Projekt anfallen, festgestellt werden. Die Einzahlungen ergeben sich normalerweise aus den Umsätzen. Auszahlungen entstehen beispielsweise durch den Kauf von Maschinen oder Anlagen, durch Lohnzahlungen oder Materialkauf.

Die Rechnung, die wir aufstellen werden, muß den gesamten Zeitraum abdecken, in dem die Investitionsentscheidung ihre Wirkung zeigt. Solange Ein- oder Auszahlungen anfallen, müssen diese berücksichtigt werden. Prognosen werden für jedes einzelne Jahr der Lebensdauer eines Projektes erstellt. Das Jahr, in dem die Entscheidung für das Projekt gefällt wurde, nennen wir »Jahr 0«, das darauffolgende Jahr »Jahr 1« und so weiter. Wenn die Auswirkungen einer Entscheidung so weit in die Zukunft reichen, daß aus Schätzungen eher Mutmaßungen werden, so sieht das Modell einen Prognosestopp innerhalb eines »Planungshorizontes« vor, der nach zehn bis fünfzehn Jahren erreicht ist. Dieser Zeitraum reicht aus, um Klarheit darüber zu erlangen, ob die Basis für die zu treffende Entscheidung vernünftig ist.

In unserem Modell rechnen wir mit Opportunitätskosten. Diese entstehen dadurch, daß das Unternehmen die Mittel nicht auf andere Weise nutzen kann. Wenn man Barmittel für fünfzehn Prozent anlegen kann, dann betragen die Opportunitätskosten fünfzehn Prozent. Kauft man eine Maschine für 1000 Dollar, entstehen für diese 1000 Dollar Opportunitätskosten. Es ist ungleich problematischer, die Opportunitätskosten für Vermögenswerte zu erheben, die schon ein Eigentum darstellen. Wenn Grundbesitz, der für die Durchführung eines Projektes notwendig ist, statt dessen veräußert würde, so würden die dafür erzielten Einnahmen die Opportunitätskosten ausmachen. Bei der Nutzung von Produktionseinrichtungen,

Transportfahrzeugen oder sonstiger Einrichtungen entstehen Opportunitätskosten, weil diese Ressourcen nicht mehr für andere Zwecke genutzt werden können. Wenn es keine alternative Nutzungsmöglichkeit für unternehmenseigene Produktionseinrichtungen gibt, dann sind die Opportunitätskosten gleich Null. Obwohl Opportunitätskosten nur schwer auszumachen und zu berechnen sind, müssen sie berücksichtigt werden, um die ökonomischen Konsequenzen einer Entscheidung so genau wie möglich abschätzen zu können. Das Verständnis des Opportunitätskostenansatzes ist wahrscheinlich der kritischste Punkt dieses Analyseverfahrens und ungewohnt für viele Manager.

Wir haben jetzt ein Modell, mit dem man die Zahlungsströme über die Gesamtlaufzeit des Projekts prognostizieren kann. Jetzt beschäftigen wir uns mit dem Faktor Zeit. Geldbeträge aus unterschiedlichen Jahren innerhalb des Modells können nicht miteinander verglichen werden, da deren Wert durch den Faktor Zeit uneinheitlich wird. Es ist klar, daß, wenn wir die Möglichkeit haben, 1000 Dollar zu verdienen und sie für fünfzehn Prozent im Jahr anzulegen, wir diesen Verdienst lieber heute als nach Ablauf eines Jahres einnehmen werden, um diese Mittel wieder investieren zu können und noch einmal 150 Dollar zu verdienen. Auf dieser Basis sind 1000 Dollar, verdient nach einem Jahr, weniger wert als 1000 Dollar heute.

Die Opportunitätskosten sind nicht zu verwechseln mit Aufwendungen für die Kapitalbeschaffung wie Zinsen oder Tilgung.

In unserem Modell arbeiten wir nur mit Auszahlungen oder Einzahlungen, die direkt durch das Projekt entstehen. Bestehende Kosten sind nicht relevant für den Bewertungs- und Entscheidungsprozeß.

Abzinsung und Gegenwartswert

Die Berechnung der Wertminderung wird dazu genutzt, den heutigen Wert oder Gegenwartswert des Geldes festzustellen, das in Zukunft bezahlt oder eingenommen wird. Dieser Wert wird der folgenden Formel entnommen:

Zukünftiger Betrag in Dollar
×
Wertminderungsfaktor (Diskontierungsfaktor)
=
Gegenwartswert

Der Wertminderungsfaktor hängt von den Opportunitätskosten ab, er wird ausgedrückt als Zinssatz und in den jeweiligen Zeitrahmen gesetzt. Chart 26 verdeutlicht, wie die Berechnung der Wertminderung üblicherweise vonstatten geht. Der Abzinsungsfaktor orientiert sich an dem durchschnittlichen jährlichen Zinssatz. Die Tabelle sollte auf folgende Art und Weise gelesen werden. Wenn mit einem Dollar pro Jahr gleichbleibend zehn Prozent verdient werden könnten, entspricht der Wert eines eingenommenen Dollars am Ende des zweiten Jahres 86 Cent nach heutiger Einschätzung.

Chart 26: Heutiger Wert eines Dollar, der zu zehn Prozent angelegt werden könnte

Jahr	Gegenwartswert
0 – 1	$ 0,9516
1 – 2	0,8611
2 – 3	0,7791
3 – 4	0,7050
4 – 5	0,6379

Berechnung des Gegenwartswerts

Um in unserem Berechnungsmodell den Faktor Zeit zu berücksichtigen, zinsen wir alle positiven oder negativen Beträge ab, die im Berechnungszeitraum fließen.
Wenn auf diese Weise der Kapitalwert ausgerechnet ist, sind wir in der Lage, zu entscheiden, ob die Investition durchgeführt werden sollte. Diese Entscheidung hängt wiederum von den Alternativen ab. Denn man könnte auch gar nichts machen oder eine andere Investition tätigen. Der allgemeine Grundsatz, den es beim Vergleich alternativer Projekte zu berücksichtigen gilt, ist, die Handlungsalternative zu wählen, die den besten Kapitalwert erreicht.
In Chart 27 werden eine Investition in ein neues Projekt und die Möglichkeit, nicht zu investieren und mehr Gewicht auf die Liquidität des Unternehmens zu legen als auf die Investitionsbereitschaft, miteinander verglichen. Der Zinsfuß beträgt zehn Prozent.
Das geplante Projekt verursacht im Jahre Null Kosten in Höhe von 500 Dollar, und die Betriebskosten belaufen sich danach, über einen Zeitraum von vier Jahren, auf 200 Dollar pro Jahr. Die Einzahlungen sind in den ersten beiden Jahren höher als in den darauffolgenden Jahren und belaufen sich auf insgesamt 1450 Dollar. Der Cash-flow ist im Jahr der Investition negativ, in den darauffolgenden Jahren jedoch positiv, und es ergibt sich im Verlaufe der Gesamtlebensdauer des Projektes ein positiver Cash-flow in Höhe von 150 Dollar vor der Bereinigung um den Zeitfaktor. Wenn in der Cash-flow-Prognose nun der Faktor Zeit berücksichtigt wird, in dem der jährliche Cash-flow mit dem Tageswert eines Dollars multipliziert wird, so wird der um den Faktor Zeit bereinigte Cash-flow bestimmt und damit ein Kapitalwert in Höhe von 60 Dol-

Chart 27: Berechnung des Kapitalwerts

Jahr	Einzahlungen	Auszahlungen	Cashflow	Gegenwartswert eines Dollars bei einem Zinssatz von 10 %	Abgezinster Cashflow
0	0	(500)	(500)	1,000	(500)
0 – 1	425	(200)	225	0,952	214
1 – 2	425	(200)	225	0,861	194
2 – 3	350	(200)	150	0,779	117
3 – 4	250	(200)	50	0,705	35
Gesamt	1450	(1300)	150		60 Kapitalwert

lar ermittelt. Somit erweist es sich als sinnvoller, die Investition durchzuführen, als die Hände in den Schoß zu legen, da alle Kosten gedeckt sind, die Opportunitätskosten von zehn Prozent berücksichtigt wurden und die Investition zusätzliche 60 Dollar erwirtschaftet.

In Chart 27 wird ein Kapitalwert von 60 Dollar ausgewiesen. In Abhängigkeit von den erwarteten Ein- und Auszahlungen und dem Zinsfuß kann der Kapitalwert aber auch gleich Null oder negativ werden. Wenn der Kapitalwert gleich Null ist, so würde das Unternehmen voraussichtliche Einnahmen erzielen, die genau einer Verzinsung von zehn Prozent entsprechen. Stehen keine anderen Projekte zur Auswahl und die einzige Alternative wäre, nichts zu tun, so würde ein Projekt mit einem Kapitalwert von Null akzeptiert.

Wenn der Kapitalwert jedoch negativ wird, bei einer identischen angenommenen Zuwachsrate von zehn Prozent, die das Management einfordert, so heißt das, daß das geplante Projekt weniger als zehn Prozent einbringt und somit verworfen wird.

Es existieren zahlreiche Bewertungsmethoden, die für die Investitionsplanung genutzt werden, doch nach einer kritischen Überprüfung all dieser Methoden haben wir uns dazu entschieden, nur drei davon näher zu untersuchen: 1. die Amortisationsrechnung, 2. die Kapitalwertmethode, 3. die Methode des internen Zinsfußes.
Die Amortisationsrechnung zeigt, ob sich eine Investition in einem gewünschten Zeitraum amortisiert, dabei wird jedoch keine Aussage über die zu erwartende Rendite gemacht. Die Berechnung gibt nur Auskunft darüber, wie lange es dauert, bis die Kapitalaufwendungen für die Investitionen zurückfließen. Sie verdeutlicht das Investitionsrisiko. In unserem Modell fallen im Jahre Null Kosten in Höhe von 500 Dollar an. Um den Kapitalrückfluß zu bestimmen, müssen wir nur die erwarteten Einzahlungen addieren und herausfinden, wie lange es dauert, bis die 500 Dollar wieder zurückgeflossen sind. In den ersten beiden Jahren werden 450 Dollar zurückgewonnen, am Ende des dritten Jahres sind 600 Dollar zurückgeflossen. Das Kapital wird also nach ungefähr 2,3 Jahren wieder dasein. Es ist offensichtlich, daß ein rational denkender Geschäftsmann keinen großen Geldbetrag bindet, nur um ihn irgendwann wieder zurückzuerhalten. Es wird eine Rendite erwartet, die dem Risiko angemessen ist und die besser ist als eine Rendite, die er mit einer alternativen Anlagemöglichkeit erzielen könnte. In unserem Beispiel ist die Amortisationsdauer verhältnismäßig kurz, und auch nachdem die Anfangsauszahlung zurückgeflossen ist, kommt es noch zu Einzahlungen. Es handelt sich dabei um eine durchaus wertvolle Information, um das Gesamtprojekt einzuschätzen, jedoch ist diese nicht ausreichend. In unserem Modell wird die Amortisationsrechnung automatisch, sozusagen als Nebenprodukt ausgeworfen, wenn es um die entscheidenden, den Zeitfaktor berücksichtigen-

den Berechnungen des Kapitalwerts und des internen Zinsfußes geht.
Der Kapitalwert wird oft als alleiniges Kriterium bei der Entscheidung für oder wider eine Investition benutzt. Wir jedoch ziehen es vor, sie in Verbindung mit anderen Bewertungskriterien zu nutzen.

Der interne Zinsfuß

Im Gegensatz zur konventionellen Rendite (ROI), die aus vergangenheitsorientierten Zahlen errechnet wird, beschreibt der interne Zinsfuß die Zukunft. Bei der Berechnung des ROI wird außerdem der Zeitfaktor nicht berücksichtigt.
Der interne Zinsfuß ist derjenige Zinsfuß, bei dessen Verwendung als Kalkulationszinsfuß der Kapitalwert einer Investition gleich Null ist. Wir erweitern Chart 27, das einen Kapitalwert von 60 Dollar ausweist und einen Zinsfuß von zehn Prozent voraussetzt, zu Chart 28, wo ein Zinsfuß von achtzehn Prozent angesetzt wird, der zu einem Kapitalwert von Null führt.
Der interne Zinsfuß beträgt somit in diesem Beispiel achtzehn Prozent. Doch wie werden die achtzehn Prozent bestimmt? Ganz einfach, durch Ausprobieren.
Es gibt viele Finanzspezialisten, die ausschließlich die Kapitalwertmethode benutzen; andere berechnen den internen Zinsfuß; wieder andere nutzen beide Methoden. Bei der Bestimmung des Kapitalwerts erhält man als Ergebnis einen positiven oder negativen Geldbetrag. Mit der Methode des internen Zinsfußes errechnet man dagegen die Rendite der Investition. Um den internen Zinsfuß in unserem Beispiel zu erhalten, muß der Kapitalwert von 60 Dollar als Prozentzahl ausgedrückt werden. Für das

Chart 28: Berechnung des internen Zinsfußes

Jahr	Cash-flow	Gegenwartswert eines Dollars bei einem Zinssatz von 10 %	Abgezinster Cash-flow	Gegenwartswert eines Dollars bei einem Zinssatz von 18 %	Abgezinster Cash-flow
0	(500)	1,000	(500)	1,000	(500)
0 – 1	225	0,952	214	0,915	206
1 – 2	225	0,861	194	0,764	172
2 – 3	150	0,779	117	0,639	96
3 – 4	50	0,705	35	0,533	26
Gesamt	150		60 Kapitalwert		0 Kapitalwert

Beispiel beträgt diese Zahl acht Prozent. Diese acht Prozent schlägt man auf die zehn Prozent auf, mit denen der Kapitalwert ausgerechnet wurde.

Der interne Zinsfuß wird für die gesamte Lebensdauer des Projektes berechnet. Es ist nicht sinnvoll, ihn für einzelne Jahre während der Projektdauer zu ermitteln. Benötigt man kurzfristige Zahlen, so bietet es sich an, die erzielten Einzahlungsüberschüsse mit den geplanten Einzahlungsüberschüssen zu vergleichen.

Die Sache, die viele Manager beim internen Zinsfuß am meisten stört, ist die zugrunde liegende Annahme, daß alle Überschüsse unverzüglich reinvestiert werden zu einem Zinsfuß, bei dem der Kapitalwert gleich Null ist. In Chart 28 beträgt der interne Zinsfuß achtzehn Prozent. Die Rechnung unterstellt, daß auch eine Wiederanlage des Geldes zu achtzehn Prozent möglich ist. Genauso könnte es ein Projekt geben, bei dem der interne Zinsfuß fünfunddreißig Prozent beträgt, mit der einhergehenden Annahme, daß Überschüsse zu fünfunddreißig Prozent reinvestiert werden können. Aber wenn man aus Erfahrung weiß, daß der Marktzins zehn Prozent beträgt, das heißt, daß Geld zu diesem Zinssatz geliehen oder angelegt werden kann, wie kann man dann an die fünfunddreißig Prozent glauben?

Möglichkeiten, zu achtzehn oder fünfunddreißig Prozent zu investieren, sind nicht unvereinbar mit einer durchschnittlichen Rendite oder durchschnittlichen Finanzierungskosten von zehn Prozent. Wenn man diese achtzehn oder fünfunddreißig Prozent jedoch für einen einmaligen Glücksfall hält und nicht erwartet, daß die Mittel wieder mit Renditen über zehn Prozent angelegt werden können, dann wird das Konzept des internen Zinsfußes zum Problem. In einer solchen Situation müssen wir den Kapitalwert zu Hilfe nehmen, um das Problem zu lösen. Die zehnprozentige Rendite des Projektes deckt die Opportunitätskosten und wirft einen zusätzlichen Einzahlungsüberschuß von 60 Dollar ab. Wenn dieser Überschuß zum gleichen Zinssatz reinvestiert werden könnte, so würde sich tatsächlich eine Rendite von achtzehn Prozent ergeben. Das Fehlen anderer guter Investitionsmöglichkeiten schränkt die Möglichkeiten, mit dem Projekt Geld zu verdienen, ein.

Wir haben bislang drei Methoden zur Einschätzung von Investitionsmöglichkeiten vorgestellt. Mit der Amortisationsrechnung wird das Risiko eingeschätzt. Der Kapitalwert zeigt, ob ein Projekt zumindest die Zinsen erwirtschaftet, die durch eine Geldanlage am Kapitalmarkt möglich wären. Ein positiver Kapitalwert lenkt auf eine bessere Anlagemöglichkeit hin, mit einem negativen Kapitalwert erreicht man eine schlechtere Verzinsung, als sie am Kapitalmarkt möglich wäre. Der interne Zinsfuß drückt die mögliche Verzinsung in einer Prozentzahl aus und kann direkt mit dem Marktzins verglichen werden.

Man könnte jetzt die Regel aufstellen, daß alle Projekte, bei denen die Rendite höher ist als die Finanzierungskosten oder Opportunitätskosten, vorteilhaft sind. Diese Regel bringt aber einige Probleme mit sich. Wie findet man den richtigen, die Opportunitätskosten repräsentierenden Zinssatz, mit dem man dann den Kapitalwert berechnen kann? Wie kann man einfach davon ausgehen, daß es keine Beschränkungen in der Verfügbarkeit von Kapital gibt, so daß alle gewinnversprechenden Projekte akzeptiert werden können? Wie trägt man dem Risiko Rechnung, wenn man die erlangten Ergebnisse untersucht? Diese Fragen werden in den nächsten drei Abschnitten beantwortet.

Der kritische Zinssatz – die Kapitalkosten

Wie bestimmen Sie nun den für die Berechnung des Kapitalwerts notwendigen Zinssatz? Die Finanzierungskosten in unserem Konzept sind nicht identisch mit den Kosten für einen Kredit. Jedes Unternehmen hat andere Finanzierungskosten und bewertet deshalb auch das gleiche mögliche Projekt verschieden. Unternehmen A rechnet mit einem Zinsfuß von zehn Prozent, erhält einen positiven Kapitalwert und führt die Investition durch. Unternehmen B dagegen setzt eine Mindestverzinsung von fünfundzwanzig Prozent voraus und lehnt das Projekt ab. Der Unterschied entsteht, weil die beiden Unternehmen nicht die gleichen Opportunitätskosten haben, das heißt nicht die gleichen Möglichkeiten, Geld anderwertig anzulegen. Ein Beispiel für die Berechnungen, die nötig sind, um zu diesem Schluß zu gelangen, zeigt Chart 29. Wir rechnen sowohl mit einem zehnprozentigen als auch mit einem fünfundzwanzigprozentigen Kalkulationszinsfuß. Der Investitionsumfang beträgt 500 Dollar.

Chart 29: Vergleich des Kapitalwerts bei verschiedenen Zinsfüßen

		(A)		(B)	
Jahr	Cashflow	Gegenwartswert eines Dollars bei einem Zinsfuß von 10 %	Abgezinster Cashflow	Gegenwartswert eines Dollars bei einem Zinsfuß von 25 %	Abgezinster Cashflow
0	(500)	1,000	(500)	1,000	(500)
1	225	0,952	214	0,885	199
2	225	0,861	194	0,689	155
3	150	0,779	117	0,537	81
4	50	0,705	35	0,418	21
Gesamt	150		60 Kapitalwert		(44) Kapitalwert

Die Investition ist sehr attraktiv für Unternehmen A, aber völlig inakzeptabel für Unternehmen B – sie würde weniger als die geforderten fünfundzwanzig Prozent einbringen.

Wenn ein Unternehmen an eine Verzinsung von fünfundzwanzig Prozent gewöhnt ist, dann muß eine Investition, um interessant zu sein, mindestens eine solche Verzinsung gewährleisten. Die fünfundzwanzig Prozent repräsentieren die Opportunitätskosten für das betreffende Unternehmen, und eine Investitionsmöglichkeit, die nur eine Verzinsung von fünfzehn Prozent in Aussicht stellt, würde verworfen. Für ein zweites Unternehmen mit Opportunitätskosten von zehn Prozent wären dieselben fünfzehn Prozent potentiell attraktiv, und die Investition würde getätigt. So ist also die gleiche fünfzehnprozentige Investitionsgelegenheit interessant für den einen und uninteressant für den anderen. Obwohl beide Unternehmen eine identische Situation analysieren, ergeben sich unterschiedliche Schlußfolgerungen.

Die Finanzierungskosten in unserer Analyse sind immer eine Kombination aus Eigenkapitalkosten und Fremdkapitalkosten. Wir bewerten den Erfolg oder Mißerfolg eines Projektes, ohne die Finanzierungsform zu berücksichtigen. Trotzdem wissen wir, daß Geld für Investitionen normalerweise aus zwei Quellen fließt: Fremdkapital oder Eigenkapital. Schulden bringen eine gewisse Steuerersparnis mit sich. Bei einem Steuersatz von fünfzig Prozent betragen die Finanzierungskosten für Fremdkapital deshalb die Hälfte des Beschaffungspreises. Als Eigenkapitalkosten werden die Opportunitätskosten der Eigentümer angesetzt.

Es ist manchmal notwendig, diese kombinierten Kosten in die Kosten für Fremdkapital und die Kosten für Eigenkapital aufzuschlüsseln, um das Ergebnis für diejenigen Geschäftsleute verständlich zu machen, die Ergebnisse gewöhnlich als Verzinsung des Eigenkapitals ausdrücken. Um dieses Finanzierungskonzept zu veranschaulichen, nehmen wir an, daß das Unternehmen einem einzelnen Individuum gehört, dessen Zielvorstellungen für eine Investition klar umrissen sind. Das gesamte der Unternehmung zur Verfügung stehende Kapital macht 100 Dollar aus, 30 Dollar davon sind Fremdkapital, 70 Dollar sind Eigenkapital des Eigentümers. Der Zinssatz für die geliehenen Mittel macht 2,75 Prozent nach Steuern aus. Der Ertrag, nach Abzug der Steuern, aus dem kombinierten Eigenkapital und dem fremdfinanzierten Kapital von 100 Dollar würde wie in Chart 30 dargestellt ausfallen. Die Verzinsung des Gesamtkapitals (30 Dollar fremdfinanziert, 70 Dollar Eigenkapital) und die Verzinsung des Eigenkapitals (ROI) gehen aus Chart 31 hervor.

Wenn das Unternehmen durchschnittliche Einnahmen

Chart 30: Einkommen nach Steuern bei einer Investition von 100 Dollar

Gesamt	Einkommen aus Fremdkapital (30 Dollar × 2,75 % Fremdkapitalkosten)	Einkommen aus Eigenkapital (70 Dollar)
$ 8,00	$ 0,825	$ 7,175
9,00	0,825	8,175
10,00	0,825	9,175
11,00	0,825	10,175
12,00	0,825	11,175

Chart 31: ROI nach Steuern bei einer Investition von 100 Dollar

ROI	Kosten des Fremdkapitals	ROI bezogen auf das Eigenkapital
8 %	2,75 %	10,25 %
	($ 0,825 ÷ $ 30)	($ 7,175 ÷ $ 70)
9	2,75	11,68
10	2,75	13,11
11	2,75	14,54
12	2,75	15,96

von 10 Dollar, bezogen auf die Gesamtinvestition von 100 Dollar, erzielt, die Kosten der Finanzierung 0,825 Dollar ausmachen, dann verdient der Eigentümer mit seinem Eigenkapital 9,175 Dollar. Ausgedrückt als Rendite, machen die verdienten 10 Dollar aus den 100 Dollar eine zehnprozentige Verzinsung der Gesamtinvestition aus.

Und aufgrund der Kapitalstruktur machen die 9,175 Dollar Einnahmen eine Eigenkapitalverzinsung von 13,11 Prozent aus. Bei dreißig Prozent Fremdkapital und einem durchschnittlichen Zinssatz von 2,75 Prozent nach Steuern ist es leicht, die Verzinsung der Gesamtinvestition in die Verzinsung des Eigenkapitalanteils zu konvertieren (siehe Chart 31). Es ist kein Problem, ähnliche Tabellen mit anderen Zinssätzen oder einer anderen Kapitalstruktur zu erstellen.
Die Möglichkeit, die Mittel des Unternehmens alternativ anzulegen oder die Mittel im Unternehmen zu reinvestieren und weiterhin mit den kombinierten Eigen- und Fremdmitteln mindestens zehn Prozent zu verdienen, beschreibt die Opportunitätskosten. Diese sind auch gleichzeitig der kritische Zinssatz, der als Kalkulationszinsfuß zugrunde gelegt wird: Der Prozentsatz, der benutzt wird, um den Kapitalwert zu bestimmen, und der den Richtwert für die Einschätzung des internen Zinsfußes darstellt, basiert allein auf den Opportunitätskosten der Investition.
Die Mittel eines Unternehmens stellen einen Kapitalpool für alle Projekte dar. Ein bestimmter Zinssatz für zusätzliches Kapital fließt in diesen Pool ein und wirkt sich auf diese Weise auf die durchschnittlichen Fremdkapitalkosten aus. Relevant sind die durchschnittlichen langfristigen Kosten und nicht der derzeitige gültige Zinssatz. Die voraussichtliche Rendite muß mit den durchschnittlichen Zinsen für den Kapitalpool verglichen werden und nicht mit den Zinsen für die zusätzlichen Mittel.
Wenn die durchschnittlichen Einnahmen von 10 auf 12 Dollar steigen, so muß der kritische Zinssatz neu bestimmt werden. Das heißt aber nicht, daß der kritische Zinssatz ständig geändert werden sollte. Einige Jahre mögen ein Mehr an Gewinnen einbringen, in anderen Jah-

ren sind vielleicht die Kreditzinsen höher oder niedriger. Für eine Kalkulation ist immer der langfristige Durchschnitt relevant. Es wäre unlogisch, eine Verzinsung von fünfundzwanzig Prozent zu verlangen, wenn sich der Durchschnitt bei zehn Prozent einpendelt, nur weil in einem Jahr außerordentlich hohe Gewinne zu verzeichnen waren. Eigentlich gute Projekte könnten auf diese Weise verworfen werden. Die Bezugsgrößen müssen realistisch sein und auf vernünftigen Erwartungen basieren, nicht auf Wunschdenken.

Wenn es sich bei dem Unternehmen um eine Kapitalgesellschaft mit unzähligen Aktionären handelt, so wird die Bestimmung der Opportunitätskosten schwierig. Es ist schwer genug, die Opportunitätskosten für eine kleine Familie herauszufinden. Wenn man nun versuchen will, die Investitionsziele aller Aktionäre unter einen Hut zu bringen, wird die Sache äußerst komplex. Ein Aktionär möchte eine möglichst hohe Dividende; ein anderer bevorzugt die Reinvestition des Gewinns; ein dritter erwartet eine möglichst schnelle Wertsteigerung seines Anteils. Wir wollen uns hier nicht länger mit diesem Problem auseinandersetzen, weil es sehr komplex und äußerst theoretisch ist. Es ist erwähnenswert, daß einige große Aktiengesellschaften in der Lage waren, Modelle zur Berechnung ihrer Kapitalkosten zu entwickeln. Andere Aktiengesellschaften bedienen sich eines Kalkulationszinsfußes, der sich an den üblichen Renditen orientiert. Dieser letzte Ansatz verstößt gegen unser Modell der Opportunitätskosten. Es kann jedoch aus praktischen Überlegungen heraus notwendig sein, das Unternehmen als eine einzige Person zu sehen und die tatsächlichen Personen, also die Aktionäre, zu vernachlässigen.

Kreditbeschränkungen

Kann man, wie wir es bisher getan haben, davon ausgehen, daß es keine Kreditbeschränkungen gibt? Wenn die Einnahmen und das Wachstum eines Unternehmens groß genug sind, gibt es eigentlich kaum ein Limit für die zur Verfügung stehenden Mittel aus Eigen- oder Fremdkapital. Ökonomischen Theorien zufolge ist es so lange sinnvoll, Kredite aufzunehmen, solange die Einnahmen die Kosten auch nur um einen kleinen Betrag überschreiten. Es zeichnet sich ab, daß das einzige Limit für die Kreditaufnahme eines erfolgreichen Unternehmens die Nerven des Managements werden. Doch es gibt auch noch andere praktische Beschränkungen. Die allgemeine Geschäftslage und eine optimistische oder pessimistische Einschätzung können zu einer Limitierung der Kapitalmenge führen, die das Management zu bewilligen bereit ist. Auch ein hohes Maß an Risiko werden viele Manager nicht mittragen wollen. Sicherlich gibt es noch eine Vielzahl von Einschränkungen, realistische und unrealistische.
Während der Investitionsplanung müssen alle Investitionen klassifiziert und gewichtet werden. Dabei wird jeder Manager das Risiko und die erwarteten Erträge etwas anders einschätzen.
Wenn man davon ausgeht, daß nicht unbeschränkt Kapital aufgenommen werden kann, so mag das Ergebnis des Auswahlverfahrens die Ablehnung einer guten und sicheren Investition mit einer voraussichtlichen Kapitalverzinsung von zehn Prozent sein und die Bewilligung einer anderen Investition, mit einem großen Risiko, die eine sechzigprozentige Rendite verspricht, oder andersherum. Die praktischen Probleme der Projektauswahl sind unterschiedlich und vielschichtig. Wenn die diskutierten Techniken zur Projektauswahl auch kaum ausreichend sind, so

sind sie doch richtungweisend und verleihen ein gewisses Maß an Objektivität.

Die Beschreibung von Risiko und Unsicherheit

Wie tragen Sie dem Risiko Rechnung, wenn Sie den Kapitalwert oder den internen Zinsfuß errechnen? »Unsicherheit« wäre die korrekte Bezeichnung, aber Risiko und Unsicherheit werden im Geschäftsleben mittlerweile mehr oder weniger synonym benutzt. Der Unterschied läßt sich an der Fähigkeit, die Wahrscheinlichkeit zukünftiger Einnahmen zu bestimmen, festmachen. Risiko, bezogen auf Einnahmen, schließt die Bestimmung zukünftiger Ereignisse innerhalb einer Bandbreite bekannter Wahrscheinlichkeiten mit ein, während Unsicherheit beinhaltet, daß die Wahrscheinlichkeit von Ergebnissen nicht eingeschätzt werden kann.

Nicht alle Investitionsvorschläge sind mit dem gleichen Risiko behaftet. Man könnte beispielsweise eine Risikokategorie für Investitionen einführen, die fast sicher sind. Hierunter würden etwa Rationalisierungsprojekte fallen.

Eine andere Risikokategorie könnte die Einführung neuer Produktgruppen sein. Der unterschiedliche Grad der Unsicherheit dieser beiden Kategorien ist offensichtlich.

Der Kalkulationszinsfuß bleibt gleich, egal, wie groß das Risiko sein mag. Die Einstufung in unterschiedliche Risikokategorien führt zu einer subjektiven Bewertung der Unwägbarkeiten eines Projektes. Auf diese Weise kann eine Ja-nein-Entscheidung getroffen werden. Zum Beispiel ein Investitionsvorschlag für eine neue Maschine, weil die alte Maschine ausrangiert werden muß. Die

Opportunitätskosten liegen bei zehn Prozent. Es wird ein durchschnittlicher Kapitalwert ermittelt, die Unsicherheit ist gering. Solche Vorschläge werden wahrscheinlich akzeptiert. Der zweite Fall, die Einführung einer völlig neuen Produktlinie, deren Erfolg sehr unsicher ist, die aber auch nur einen durchschnittlichen Kapitalwert aufweist, wird kaum akzeptiert. Solch riskante Vorschläge werden ausgesondert und individuell innerhalb dieser Gruppe von Projekten bewertet. Um das Risiko dieser Projekte zu berücksichtigen, wird mit einem Kalkulationszinsfuß gerechnet, der zwei- oder dreimal so hoch wie die Opportunitätskosten ist.

Die Bestimmung der geplanten Rendite einer Investition über den Kapitalwert wird durch eine Erhöhung des Zinsfußes ermittelt, und zwar so lange, bis der Kapitalwert gleich Null ist. Damit erhält man den internen Zinsfuß, die geplante durchschnittliche Kapitalverzinsung der Investition. Wenn diese Verzinsung im Vergleich zu den Opportunitätskosten von zehn Prozent beispielsweise achtzehn Prozent erreicht, so bleibt es auch in einem solchen Fall dem Urteil des Managements überlassen, ob die zusätzlichen acht Prozent Rendite ausreichen, um die Unsicherheit zu kompensieren. Die Entscheidung ist, wie die Bewertung eines Risikos grundsätzlich, völlig subjektiv.

Wir werden im folgenden genauere und raffiniertere Methoden beschreiben. Risiko beinhaltet immer die Wahrscheinlichkeit von Gelingen oder Scheitern. Die Tatsache, daß die Projektbewertungsmethoden, die wir hier beschreiben, sehr genau sind und zu einem eindeutigen Ergebnis führen, darf uns nicht über die Tatsache hinwegtäuschen, daß Entscheidungen immer im Angesicht der Unsicherheit getroffen werden. Da wir diese Unsicherheit niemals ausschließen können, ist es das beste, nun die wahrscheinliche Tragweite, den Grad der enthaltenen Unsicherheit und die Konsequenzen von Prognosefehlern einzuschätzen. Als nächstes behandeln wir kurz einige Methoden, die sich für diese Arbeit als hilfreich erwiesen haben.

Die Sensitivitätsanalyse

Durch die Sensitivitätsanalyse versucht man zu bestimmen, inwieweit der Kapitalwert oder der interne Zinsfuß eines Projektes berührt wird, wenn ein einzelner oder mehrere Faktoren sich um einen vorgegebenen Betrag verändern. Lassen Sie uns annehmen, daß wir für ein neues Produkt die Absatzmenge mit relativer Sicherheit bestimmen können, jedoch unsicher sind, was die Preisgestaltung betrifft. Wenn wir die Sensitivitätsanalyse anwenden, so wiederholen wir die Berechnung mit unterschiedlichen Preisvorgaben. Damit erhalten wir Auskunft über die Veränderung des Kapitalwerts.
Mit diesem Analyseverfahren messen wir die Auswirkung der Veränderung einzelner oder einer Gruppe von Faktoren, wenn andere Faktoren des geplanten Projektes konstant gehalten werden. Eine solche Vorgehensweise bringt natürlich auch Probleme mit sich. Und die Ergebnisse sind in ihrer Aussagekraft beschränkt. Die geplanten Preise zu verändern und dabei Kosten und Produktionsvolumen konstant zu halten erscheint unrealistisch. Wir werden an diesem Punkt »pragmatisch«, entscheiden uns für ein einfaches Verfahren und erhalten grobstrukturierte Ergebnisse, denn alle möglichen Positionen eines geplanten Projektes manuell nachzuvollziehen stellt einen kaum zu bewältigenden Aufwand dar. In diesen Bereichen wird die Anwendung von Computerprogrammen notwendig. So können Hunderte einzelner Faktoren

einander gegenübergestellt werden, und die Berechnung vollzieht sich mit größter Präzision innerhalb von Minuten statt innerhalb von Wochen.

Wahrscheinlichkeitsanalyse

Die Wahrscheinlichkeitsanalyse ist die bevorzugte Methode für die Einschätzung von Grad und Tragweite der Unsicherheit. Man listet eine sinnvolle Bandbreite von möglichen Ergebnissen auf, angefangen beim schlechtesten Ergebnis bis hin zum besten. Auf dieser Grundlage ist es möglich, die Wahrscheinlichkeit jedes einzelnen Ergebnisses einzuschätzen. Sollte das Eintreten eines nicht wünschenswerten Ergebnisses wahrscheinlicher sein als das eines wünschenswerten, ist das Projekt möglicherweise unwirtschaftlich. Genauso verhält es sich andersherum.

Niemand kann mit umfassender Sicherheit die jährlichen Cash-flows vorhersehen, die aus dem angestrebten Umfang, den Erlösen und den Kosten eines Projektes resultieren. Die Wahrscheinlichkeit, mit der angestrebte Ergebnisse erreicht werden, kann untersucht werden, indem eine Auflistung möglicher Abweichungen von der Vorhersage erstellt wird. Angenommen, ein ursprünglicher jährlicher Cash- flow von 10 000 Dollar war geplant, so könnte eine Neubewertung des Managements zu folgenden möglichen Ergebnissen führen:

Der jährliche Cash-flow beträgt in 5 von 100 Fällen
$ 14 000.
Der jährliche Cash-flow beträgt in 25 von 100 Fällen
$ 12 000.
Der jährliche Cash-flow beträgt in 45 von 100 Fällen
$ 10 000.

Der jährliche Cash-flow beträgt in 20 von 100 Fällen
$ 8 000,
Der jährliche Cash-flow beträgt in 5 von 100 Fällen
$ 0.

Es ist offensichtlich, daß dem angestrebten jährlichen Cash-flow von 10 000 Dollar auch nach dieser Einschätzung die größte Wahrscheinlichkeit bescheinigt wurde. Zudem ist auf eine dreißigprozentige Wahrscheinlichkeit hingewiesen, daß er übertroffen wird, eine zwanzigprozentige Wahrscheinlichkeit, daß er unterschritten wird, und eine fünfprozentige Wahrscheinlichkeit, daß das Projekt scheitern wird.
Es gibt keine Formel, die die Richtigkeit solcher Einschätzungen messen könnte. Die Vorhersagen basieren auf subjektiven Beurteilungen erfahrener und verantwortungsbewußter Führungskräfte. Wenn ein solches Analyseverfahren zu nichts sonst dienen soll als zu einer methodischen Neubewertung eines Projektes, erfüllt es seinen Zweck. In unserem Beispiel liegt die Schlußfolgerung nahe, daß die 10 000 Dollar jährlichen Cash-flows ausreichen, um die anfängliche Projektplanung aufrechtzuerhalten. Wenn die Wahrscheinlichkeit, einen Cash-flow zu erzielen, der unter 10 000 Dollar liegt, größer gewesen wäre, hätte das Projekt aufgegeben werden sollen.

Die Wertbestimmung eines Projektes

Die Komponenten des Investitionsprogramms eines Unternehmens zu bewerten stellt zu jeder Zeit ein komplexes Unterfangen dar. Es existieren viele Investitionsformen:
(1) gewinnorientierte Projekte, (2) unterstützende Projek-

te, (3) Projekte zur Kostendämpfung und (4) im Zeitalter des Immissionsschutzes Investitionen, die durch behördliche Auflagen notwendig werden, die kurzfristig nicht zu Erträgen führen. Diese Auflistung könnte lange fortgesetzt werden, und jedes dieser Investitionsvorhaben muß bewertet werden, um die Auswirkungen auf den Wertzuwachs zu bestimmen.

Wenn ein Projekt von den restlichen Arbeitsvorgängen getrennt ist, ist das zu bewertende Objekt relativ klar umrissen. Doch manchmal schließt ein geplantes großes Projekt etliche unterstützende Projekte ein. Diese autonom zu untersuchen ist nicht sinnvoll. Für diesen Fall ist es notwendig, ein übergeordnetes Modell zu konzipieren, das alle beteiligten Projekte berücksichtigt. Einige der unterstützenden Projekte kommen erst mehrere Jahre nachdem die übergeordnete Investition getätigt wurde, zum Einsatz und führen dann zu einem positiven Cash-flow oder auch nicht. Das übergeordnete Modell in einfacher Form kann so aussehen wie in Chart 32 dargestellt, wenn unterstützende Projekte vom Typus (a), (b) und (c) angenommen werden (die Zahlen in diesem Modell dienen nur der Veranschaulichung und stehen in keiner Beziehung zueinander).

Wenn diese drei Projekte sich aufeinander beziehen, sollten sie als Einheit betrachtet werden. In unserem Beispiel nehmen wir an, daß (a) eine übergeordnete Anlage darstellt, die, um erfolgreich zu sein, (b) benötigt, das nach drei Jahren als unterstützende Anlage hinzukommt; (b) wäre ohne (a) als Basis für seine Existenz nicht denkbar. Projekt (c) soll ein neues EDV-System sein, das nur Kosten verursacht und nicht existieren würde, wenn (a) und (b) nicht eingerichtet wären. Jegliche Kosten und jegliche Einnahmen aller folgenden Investitionen müssen soweit wie möglich in die Zukunft reichen, um eine realistische

Chart 32: Übergeordnetes Modell

Projekt	Kapitalwert	0	1	2	3	4	5	...	15
(a)	100	(30)	(2)	14	14	13	13		40
(b)	40	–	–	(15)	5	5	5		20
(c)	(26)	–	(2)	(2)	(4)	(4)	(4)		(10)
Zusammen	114	(30)	(4)	(3)	15	14	14		50

Bewertung zu erhalten. Investitionsbewertungen, die von einem Projekt mit der Sicherheit, die ein interner Zinsfuß gewährleisten kann, gemacht werden, können zu einer groben Fehleinschätzung führen, wenn die unterstützenden Investitionen nicht berücksichtigt werden. Besonders wenn es sich dabei nicht um autonome Investitionen handelt. Es gibt nur ein Projekt, und das heißt (abc). Diese neue Einheit gilt es zu bewerten. Auch die Nachkontrolle kann nur anhand dieser Einheit (abc) durchgeführt werden.

Projekte, die zur Kostensenkung beitragen, sind leicht einzugrenzen und zu bewerten. Die Kriterien sind relativ eindeutig: Eine Investition zum jetzigen Zeitpunkt von 40 000 Dollar in eine effektivere Maschine, die zu einer Verminderung der Lohnkosten in Höhe von 12 000 Dollar pro Jahr führt; die Maschine hält acht Jahre, und die Qualität bleibt in dieser Zeit unverändert. Es gilt nun, den Kapitalwert oder den internen Zinsfuß zu bestimmen und eine Entscheidung zu treffen. Solche Investitionsgelegenheiten ergeben sich immer wieder, aber es ist fast unmöglich, sie als Teil eines übergeordneten Projektes zu planen. Aus diesem Grunde werden solche Investitionen als autonome Investitionsgelegenheiten bewertet. Wenn sie anfallen und von größerer Bedeutung sind, so haben sie eine

Auswirkung auf die zu erwartende Rendite der Gesamtinvestition.
Ein nur Kosten verursachendes Projekt, so wie die notwendige Aufwendung von 100 000 Dollar für den Immissionsschutz, ist eine der wenigen eindeutigen Ja-nein-Entscheidungen, die ein Manager treffen muß, wenn das Unternehmen für den Fall, daß dies nicht geschieht, die Produktion einstellen muß. So wird die Investition natürlich getätigt. Diese unfreiwillige Investition fällt in die gleiche Kategorie wie unterstützende Projekte. Der Cashflow ist immer negativ und muß in den der übergeordneten Investition integriert werden.

Die Auswahl zwischen mehreren Projekten

Wie schon vorher festgestellt ist es in der Theorie einfach, eine Auswahl zwischen mehreren Projekten zu treffen. Eine Investition in alles, was einen positiven Kapitalwert hat, ist von Vorteil. Im Geschäftsalltag gibt es, aus vielen Gründen, bestimmte Zwänge für Manager, was die Bereitstellung des Kapitals betrifft. Lassen Sie uns die Probleme betrachten, die mit der Auswahl von Projekten einhergehen, wenn diese einer bestimmten Risikokategorie zugeordnet werden und das zur Verfügung stehende Kapital limitiert ist.
Wir haben die Kapitalwertmethode als den besten Versuch zur Analyse geplanter Projekte mit unterschiedlicher Lebensdauer ausgewählt. Der Vergleich von Projekten, bei denen die Methode des internen Zinsfußes angewandt wurde, kann aufgrund der unterschiedlichen Lage der Projekte und der Reinvestitionsannahme in die Irre führen. Ein erweiterter Kapitalwert vermeidet diese Schwierigkeiten. Die Bewertung der unterschiedlichen Projekte anhand eines Rentabilitätsindexes erleichtert

das Auswahlverfahren. Der Rentabilitätsindex beschreibt das Verhältnis des Kapitalwerts zur getätigten Investition. Zum Beispiel:

$$\frac{\text{Kapitalwert}}{\text{Investition}} = \frac{132\,000\text{ Dollar}}{100\,000\text{ Dollar}} = 1{,}32$$

Wenn das zur Verfügung stehende Kapital begrenzt ist, suchen wir bei der Auswahl des Projektes nach der Kombination, die den gesamten Kapitalwert maximiert, ohne das gesetzte Limit zu überschreiten. Wir wissen, daß wir unser Ziel erreicht haben, wenn wir den gesamten Kapitalwert nicht länger dadurch steigern können, daß wir ein Projekt durch ein anderes ersetzen und die Vorgaben trotzdem erfüllen.

Ein mögliches Mittel, um eine befriedigende Kombination von Projekten zu erhalten, ist ein Trial-and-Error-Vorgehen. Eine Richtlinie, die uns zur Verfügung steht, ist der Rentabilitätsindex (Chart 33). Doch sind solche Verhältnisberechnungen nicht ohne Probleme. Das wird in Chart 33 durch drei mögliche Projekte verdeutlicht, die zusammen anfängliche Ausgaben in Höhe von 1500 Dollar erfordern, wo aber ein Limit von 1000 Dollar gesetzt wurde.

Die Wahl muß zwischen A + C (Investitionsbetrag von 1000 Dollar) oder B + C (Investitionsbetrag von 900 Dol-

Chart 33: Rentabilitätsindex

Projekt	Kapitalwert	÷	Investition	=	Rentabilitätsindex
A	$ 1000		$ 600		1,67
B	700		500		1,40
C	500		400		1,25

lar) getroffen werden. Da der zusammengesetzte Kapitalwert von A + C (1500 Dollar) größer ist als der von B + C (1200 Dollar), sollte A + C der Vorzug gegeben werden, obwohl der Rentabilitätsindex von C (1,25) niedriger ist als der von B (1,40). Solche Unterschiede sind nicht ungewöhnlich. Der Rentabilitätsindex sollte sorgfältig gehandhabt werden. Wenn eine große Anzahl von Projekten zur Auswahl steht, wird der Kombinationsprozeß um so schwieriger.

Zusammenfassung

Die Investitionsplanung des Topmanagements beginnt immer mit folgender Formel:

Einzahlungen – Auszahlungen = Cash-flow

Auf dieser Basis werden alle Projekte vorbereitet. Im nächsten Schritt wird der Zeitfaktor berücksichtigt. Alle Cash-flows werden auf das Jahr Null bezogen, das zum gemeinsamen Nenner für die Bewertungen wird. Das geschieht durch eine Anpassung der zukünftigen Cashflows an den aktuellen Tageswert. Die Mechanismen dieser Berechnung sind nicht kompliziert, im Gegensatz zur Bestimmung des Abzinsungsfaktors. Als Zinsfuß setzt man denjenigen Faktor ein, der mit den Finanzierungskosten des Unternehmens übereinstimmt. Dieses Konzept ist recht neu und sollte nicht mit traditionellen Kosten für einen Kredit verwechselt werden. Die Finanzierungskosten beziehen sich sowohl auf das Eigenkapital als auch auf das Fremdkapital. Diese einfache Erklärung reicht aus für ein privatwirtschaftliches Unternehmen mit einem Eigentümer, der die Rendite anhand seiner eigenen Opportunitätskosten einschätzen kann. Bei Kapitalgesellschaften wird die Sache schwieriger, wenn der Versuch gemacht wird, die Opportunitätskosten der Aktionäre mit einzubeziehen. Für unsere Untersuchung haben wir das Problem vereinfacht, indem wir die gesamten Kapitalkosten durch die Opportunitätskosten, die bestimmt werden können, berechnen. Dieser Prozentsatz wird als Kalkulationszinsfuß eingesetzt.

Wenn die gesamte Zahlungsreihe der Investition abgezinst wird, erhalten wir den Kapitalwert, der uns Auskunft darüber erteilt, inwieweit das Projekt die Kapitalkosten deckt. Viele Experten greifen auf die Berechnung des Kapitalwerts als einziges Kriterium für die Bewertung eines Projektes zurück. Wir sind uns der Bedeutung des Kapitalwerts bewußt, beziehen in unsere Rechnung jedoch auch den internen Zinsfuß ein, da dieser oft einfacher zu handhaben ist, weil er als Prozentsatz ausgewiesen ist. Ein weiteres wichtiges Kriterium ist der Kapitalrückfluß, der nur dazu dient, das Investitionsrisiko einschätzen zu können, und nichts über die zu erwartende Rendite aussagt. Die Zuverlässigkeit der mathematischen Berechnungen, die während der Planungsphase und für die abschließenden Bewertungen zum Einsatz kommen, hängen von den Fähigkeiten, der Objektivität und der Integrität der Personen ab, die eine Vielzahl subjektiver Beurteilungen während unzähliger Stadien im Verlaufe einer Projektentwicklung abgeben.

Wenn Kapitalwert oder interner Zinsfuß für ein Projekt bestimmt sind und dem Unternehmen als einzige Alternative zur Investition bliebe, gar nichts zu tun, so bereitet die Entscheidung keine Probleme. Wenn die Entscheidung der Kapitalzuteilung unter mehreren zur Wahl stehenden Projekten getroffen werden muß und es eine Limitierung des zur Verfügung stehenden Kapitals gibt, so geben wir für einen Vergleich der Projekte der Kapitalwertberechnung den Vorzug vor der Berechnung des internen Zinsfußes. Wir können nicht sagen, daß der Kapitalwert besser ist als der interne Zinsfuß oder andersherum. Jede Methode hat unter bestimmten Voraussetzungen ihre Vorzüge.

Ist das Projekt einmal genehmigt, müssen die dafür fließenden Mittel ständig überwacht werden. Denn wenn die Ausgaben plötzlich höher sind als angenommen, wird der erwartete Gewinn niedriger sein. Wenn die Aufwendungen viel zu weit über die gesteckten Vorgaben hinausgegangen sind, sollte neu gerechnet werden. Doch das führt nur zu einer neuen Rendite, nachdem die Entscheidung schon getroffen wurde. Zu diesem Zeitpunkt bereichern alle Berechnungen nur noch die Statistiken.

Eine Nachkalkulation von Investitionen gestaltet sich schwierig und wird oftmals vernachlässigt. Wenn man eine Nachkalkulation nicht schon zu dem Zeitpunkt vereinbart und festlegt, zu dem eine Entscheidung getroffen wird, ist es wahrscheinlich, daß entweder keine Nachkalkulation stattfindet oder daß sie nicht zufriedenstellend sein wird. Da alle Investitionen normalerweise Teil einer größeren Investition sind, sehen wir uns einer gewissen Unfähigkeit ausgesetzt, den Anteil des jeweiligen Projektes am Zuwachs herauszufinden und den jeweiligen Kapitalwert oder internen Zinsfuß zu bestimmen. Es ist dem Management gegenüber nicht fair, etwas zu berechnen und später zu verkünden, daß die Ergebnisse nicht mit dem Budget verglichen werden können. Kapitalwert und interner Zinsfuß weisen die für die gesamte Lebensdauer einer Investition erwarteten Ergebnisse aus, doch bestehen ebenfalls der Wunsch und die Notwendigkeit, eine Einschätzung auf jährlicher Basis vornehmen zu können. Bei solchen Investitionen, die eindeutig von anderen abzugrenzen sind, kann dies in Form von Cash-flow-Analysen erfolgen. Wenn die Investition Bestandteil einer bereits bestehenden Investition sein soll, kann der Anteil am Zuwachs nicht genau bestimmt werden, und die Nachkalkulation für das Projekt muß mit der Nachkalkulation des übergeordneten Projektes erfolgen.

Sachregister